VINS
DE LOIRE

Guide du connaisseur

VINS DE LOIRE

JASPER MORRIS

Adaptation française de Claude Dovaz

Gründ

Adaptation française de Claude Dovaz
Texte original de Jasper Morris
Avant-propos de Simon Loftus

Première édition française 1989 par Librairie Gründ, Paris
© 1989 Librairie Gründ pour l'adaptation française
ISBN : 2-7000-6445-3

Dépôt légal : septembre 1989
Édition originale 1989 Hamlyn Publishing Group Ltd
© 1989 Jasper Morris pour le texte
© 1989 Simon Loftus pour l'avant-propos
© 1989 Hamlyn Publishing Group Ltd pour les illustrations

Photocomposition : A.P.S., Tours
Produit par Mandarin Offset

Imprimé et relié à Hong Kong

TABLE

AVANT-PROPOS

La Loire prend sa source à moins de quatre-vingts kilomètres du Rhône, dans une région où l'on sent déjà la chaleur et les senteurs du Midi, et se jette dans les eaux froides de l'Atlantique, près de Nantes, après un parcours d'un millier de kilomètres.

Ses vins sont à son image. Dans le centre, le fleuve encore turbulent se glisse entre les collines de la région de Sancerre et de Pouilly-sur-Loire où le Sauvignon engendre des vins secs, frais, à la fois pleins et nerveux, au bouquet printanier. La Loire tourne ensuite vers l'ouest, s'élargit, et son cours devient plus calme quand elle traverse la Touraine, l'Anjou et le Saumurois dont les grands châteaux se reflètent dans ses eaux. Le Chenin Blanc, cépage dominant de cette région, nous rappelle que nous sommes dans le Jardin de la France : ses vins évoquent le parfum des fruits cultivés en espaliers. Finalement, le fleuve coule majestueusement dans la plaine en s'approchant de l'Atlantique. Le Muscadet, très vif, avec une verdeur vivifiante, rappelle les embruns marins et se marie admirablement avec les huîtres de la région.

Certains des vins les plus magnifiques de France – et aussi certains des pires – viennent de la Loire. Ils présentent une caractéristique commune : leur acidité naturelle élevée qui s'explique par un climat à la limite septentrionale de la culture de la vigne. Dans les bonnes années, cette acidité exalte le fruité et stimule l'appétit. On a l'impression de mordre à belles dents dans une pêche fraîchement cueillie. Quand le soleil aura été chiche ou quand le vigneron, impatient, n'aura pas attendu que son raisin soit parfaitement mûr avant de vendanger, le vin agressera sans pitié les muqueuses comme une pomme trop verte.

Bien trop souvent, un autre arôme, envahissant, vous fait pincer les narines dès que vous approchez votre nez du verre : c'est la puanteur de l'anhydride sulfureux. Indispensable comme anti-oxydant et presque imperceptible quand le vinificateur l'a dosé avec mesure, c'est probablement le seul moyen d'empêcher un vin mal fait d'être totalement inbuvable. L'association d'un excès d'anhydride sulfureux et d'un Chenin Blanc pas mûr est proprement détestable (et malheureusement caractéristique des Vouvray produits en masse). C'est elle qui a sans doute découragé de nombreux amateurs de vin et les a empêchés de découvrir les trésors vineux de la Loire. C'est dommage pour eux car on y trouve en effet des trésors, souvent à moitié dissimulés par la production en masse de vins extrêmement communs et sans caractère.

Un tel contraste n'est nulle part plus évident qu'au cœur de l'Anjou, du Saumurois et de la Touraine. C'est une des plus ravissantes régions viticoles de toute la France, une terre aimable cultivée comme un jardin immense parsemé de «folies» admirables (les châteaux de la Loire), s'étendant de part et d'autre d'un fleuve royal dont le cours n'aurait pu être plus harmonieux s'il avait été dessiné par Le Nôtre. Je pense parfois qu'il en est des vins célèbres de la Loire comme des légumes qui poussent dans le potager de l'incomparable jardin français du XVIe siècle du château de Villandry : ni les uns ni les autres ne sont vraiment destinés à être consommés – ils ne sont qu'une relique décorative d'un passé glorieux. Mais quand je déguste une splendide bouteille d'un vin comme le Quarts-de-Chaume ou le Vouvray élaboré par un propriétaire-récoltant qui aime encore passionnément ce qu'il fait, je me rends compte que le passé est toujours bien vivant.

Les meilleurs de ces vins, que les œnophiles sont en train de découvrir, sont les blancs moelleux et liquoreux demandant une longue maturation en bouteille avant de révéler la profondeur de leur goût et de leur arôme de noix et de miel. Leur acidité, qui pouvait paraître peu séduisante dans leur jeunesse, leur a permis de conserver leur fraîcheur et exalte leurs qualités incomparables.

Les mêmes différences de qualité se retrouvent chez les rouges. Le vin issu du Cabernet Franc pas mûr devrait être une excellente base pour la fabrication du vinaigre. En revanche, quand on déguste des vins issus du raisin de vieilles vignes, vendangé parfaitement mûr et vinifié avec beaucoup de soin par les meilleurs vignerons des appellations Bourgueil, Chinon ou Saumur-Champigny, on commence à comprendre la passion qu'éprouvent les œnophiles pour ces vins remarquables. A mon avis, bus jeunes à température de cave, ils ont une élégance rustique qui en fait un merveilleux vin d'été et l'accompagnement idéal de la volaille. Je doute que Rabelais, qui puisait son inspiration dans le Chinon, en ait jamais bu de plus vieux que celui du millésime précédent – il est vrai qu'il s'agissait de blanc, dont la production est aujourd'hui confidentielle. De nombreux amateurs estiment qu'il faut attendre ces vins plusieurs années pour apprécier toutes leurs qualités.

Le Muscadet est aimable et franc, les blancs secs d'Anjou et de Touraine sont tendres, le Sancerre et de ses proches voisins sont des vins d'une facilité très élaborée. Leurs producteurs sont des gens heureux qui n'ont aucune peine à écouler chaque année leur production. Il n'en est pas de même des vins les plus prestigieux de la Loire – blancs moelleux et demi-secs ainsi que les rouges classiques. Contrairement aux grands Bourgogne et Bordeaux, leur prix est encore abordable. C'est pourquoi il faut se hâter de les découvrir.

La diversité des vins de la Loire est incomparable et dans chaque appellation, on peut trouver le meilleur et le pire. Il serait donc hasardeux de parcourir sans guide cette immense région viticole – soit directement sur le terrain, soit par le truchement de flacons dénichés dans le commerce de détail. L'auteur de l'ouvrage, Jasper Morris, qui connaît admirablement les vins de la Loire, les aime et en parle avec éloquence, se propose de l'explorer avec vous et de vous faire découvrir ses trésors.

SIMON LOFTUS

LA LOIRE
ET
SES VINS

Un vignoble de Bonnezeaux : aucun signe de prospérité, mais les vins liquoreux de cette appellation parvenus à maturité comptent parmi les plus grands de France.

INTRODUCTION

Fleuve français le plus long (1 012 km), la Loire prend sa source au mont Gerbier-de-Jonc, dans le Massif Central et se jette dans l'Atlantique, au-delà de Nantes. Après un début de parcours accidenté, elle décrit des méandres en Sologne, pénètre dans le Bassin Parisien, reçoit son premier affluent important, l'Allier, et devient un fleuve majestueux de près de 500 m de large. C'est le début du Val de Loire, le jardin de la France.

Cette région est parsemée de châteaux. Ceux du Moyen Âge jouaient un rôle stratégique important, les rois de France ne pouvant être certains de la loyauté de leur vassaux, notamment des Plantagenêt. Henri Plantagenêt, né au Mans en 1133, hérita de son père l'Anjou, la Touraine et le Maine (en 1150), épousa Aliénor d'Aquitaine (en 1152 après que le roi de France Louis VII l'eût répudiée), devint roi d'Angleterre (en 1154) et introduisit le vin d'Anjou à la cour.

C'est lui qui construisit pour l'essentiel le château de Chinon, le plus grand de ces châteaux médiévaux, dont on peut visiter les ruines imposantes. C'est à Chinon que Jeanne d'Arc eut sa première entrevue avec le roi de France, Charles VII (en 1429).

Après la guerre de Cent Ans, aux XIVe et XVe siècles, la vallée de la Loire connut une époque particulièrement brillante pendant la Renaissance. Les rois, les nobles et aussi les financiers restaurèrent ou édifièrent de nombreux châteaux. Charles VIII, né en 1470 à celui d'Amboise, célèbre pour ses tours énormes, le remania et il y mourut en 1498 après avoir heurté du front le linteau d'une porte basse. François Ier y passa sa jeunesse, y fit venir Léonard de Vinci et bâtit le magnifique château de Chambord, qui fut achevé sous Henri II. Celui-ci fit don du château de Chenonceau, édifié par un receveur général des finances pendant le premier tiers du XVIe siècle, à sa favorite Diane de Poitiers, qui y fit ajouter la partie construite à travers le Cher. À la mort du roi, elle fut forcée par Catherine de Médicis de l'échanger contre celui de Chaumont-sur-Loire. Le ravissant château d'Azay-le-Rideau fut aussi édifié par un financier et celui de Valençay, que Talleyrand achètera en 1803, fut construit, également au XVIe siècle, par le seigneur du lieu grâce à la dot de la fille d'un autre financier.

On pourrait passer une quinzaine de jours heureux en se bornant à visiter les châteaux de la Loire et d'autres trésors artistiques, mais le plaisir serait incomplet si l'on ne tirait pas aussi parti de la table et surtout du large éventail des vins de la région. D'ailleurs, certains châteaux et certaines appellations (*voir* leur réglementation page 13) portent le même nom : Cheverny, Chinon, Saumur, Touraine-Amboise, Touraine-Azay-le-Rideau, Valençay.

La langue française a conquis ses lettres de noblesse dans le Val de Loire, qui a vu naître Ronsard – le Prince des poètes –, du Bellay et Descartes. Rabelais, né près de Chinon en 1494, a célébré les bonnes choses de la vie, notamment le vin, «la bonne soupe de septembre» et a décrit le Vouvray comme «un vin de taffetas». Si François Rabelais a fait de sa Touraine natale le théâtre de la guerre pichrocholine, Honoré de Balzac – l'auteur grand prosateur tourangeau – y situera trois siècles plus tard celui de plusieurs volumes de sa *Comédie Humaine*, dont *Le Curé de Tours*, *Eugénie Grandet* et *Le Lys dans la vallée*. Hélas! Balzac eut davantage la passion du café que celle du vin.

Le Val de Loire est fier de ses châteaux, de ses gloires littéraires, de ses vins, et Tours s'enorgueillit de posséder deux des meilleures tables de France : le grand Chef Charles Barrier s'y est remis aux fourneaux et Jean Bardet, l'étoile montante, y exerce maintenant ses talents. On trouve aussi dans la région plusieurs tables ayant retenu l'attention des guides gastronomiques, mais la Loire n'est, en général, pas un lieu de privilégié pour la haute cuisine. Les mets y sont francs, à base de produits régionaux, sans les fioritures superfétatoires à la mode.

Peut-être, comme Patrick de Ladoucette, propriétaire du Château de Nozet à Pouilly-sur-Loire, choisirons-nous d'explorer la Loire par hélicoptère. Cela nous permettra de nous poser ici et là pour déguster les spécialités locales. On commencera par la côte Atlantique avec un plateau d'huîtres (Brillat-Savarin, qui les adorait, pouvait en engloutir facilement une centaine...), libéralement arrosées de carafes de Muscadet, ou de Gros-Plant pour les palais plus austères. En remontant le cours de la Loire, on s'arrêtera en

BROCHET AU COURT-BOUILLON ET BEURRE BLANC

**Un des plus secs des Anjou blanc ou, de préférence,
un Savennières Coulée-de-Serrant ayant quelques années
de bouteille accompagnera ce mets à la forte personnalité.**

*1 brochet de 1 kg, vidé mais non écaillé
1/2 bouteille de Saumur blanc
5 échalotes grises et 1 gousse d'ail
1 carotte, 2 oignons et un bouquet garni
2 dl de vinaigre de vin blanc
100 gr de beurre ramolli
Sel et poivre gris en grains*

Faites bouillir 30 minutes un court-bouillon préparé avec la même quantité de vin et d'eau, carotte et oignons en rondelles, bouquet garni, ail, sel et poivre et laissez légèrement refroidir. Dans une poissonnière munie d'une grille, pochez le brochet·30 minutes à liquide frémissant.

Placez les échalotes finement hachées dans une casserole avec le vinaigre et faites réduire à feu vif. Quand les trois quarts du vinaigre seront évaporés, placez la casserole dans un bain-marie et incorporez graduellement le beurre, en battant constamment au fouet. Servez la sauce à part.

Certains se plaignent de la difficulté d'obtenir un beurre blanc satisfaisant, d'autres jurent que c'est très simple (peut-être le lient-ils avec un peu de beurre manié, ce qui n'est pas orthodoxe).

Anjou pour se restaurer d'un brochet beurre blanc, dont la recette est donnée ci-dessus. Un des plus secs des Anjou blanc ou, de préférence, un Savennières Coulée-de-Serrant ayant quelques années de bouteille accompagnera ce mets à la forte personnalité.

Quelques minutes de vol suffiront à atteindre la Touraine. Un carré d'agneau, ou une gélinotte grillée, accompagné de croquettes de pommes de terre mettra en valeur un Bourgueil ou un Chinon, servi à température de cave. Un mets plus riche ne rendrait pas justice aux arômes délicats du Cabernet Franc. Dans cette région, le cochon est plus abondant que le mouton, mais les rillons (morceaux de poitrine de porc conservés dans leur cuisson), un spécialité locale, ne conviennent point aux estomacs délicats.

Des fruits frais, comme les fraises de Touraine qui sont renommées, remplaceront heureusement le sorbet traditionnel, accompagnés d'un Vouvray moelleux ou effervescent – crémant ou, mieux, pétillant. Les modernistes qui aiment faire tremper leurs fraises dans du vin rouge utiliseront un Touraine (issu du Gamay – un essai avec du Cabernet a donné un résultat infect!).

La dernière étape de notre tournée gastronomique sera Sancerre où l'on dégustera un fromage de chèvre – un crézancy-chavignol – pour achever le repas ou quelques asperges pour commencer le suivant! Le célèbre crottin de Chavignol, minuscule fromage de chèvre d'une cinquantaine de grammes, s'apprécie à toute heure du jour avec une bouteille de Sancerre: pour soi-même; rôti et accompagné d'une salade; dans un pâté de pâte feuilletée.

Boire et manger dans la Loire est particulièrement agréable, car on garde la tête aussi claire après le repas qu'avant. Les mets ne pèsent pas sur l'estomac et les vins ne donnent pas la barre au front. On aurait pu composer notre repas différemment car les autres spécialités régionales sont nombreuses, parmi lesquelles on peut citer les soupes à la citrouille, au potiron, aux poissons de la Loire; les œufs pochés au vin rouge; l'alose à l'oseille; la matelote de lamproie aux pruneaux; la matelote des bords de la Loire (au Saumur-Champigny ou au Saumur blanc sec), le cul de veau à l'Anjou blanc, les andouillettes braisées au Vouvray; la poularde au rosé d'Anjou; le lapin au miel. On aura garde de ne pas négliger les autres fromages, notamment la pyramide de Valençay, le selles-sur-cher (enrobé de charbon de bois), l'olivet et le sainte-maure. Quant aux vins, nulle autre région n'en propose une telle diversité.

LA VALLÉE DE LA LOIRE

Si les premiers vignobles furent probablement implantés dans le Midi par les navigateurs grecs – ils fondèrent Marseille vers 600 av. J.-C. –, l'art de cultiver la vigne et de vinifier le raisin se répandit dans le reste de la Gaule avec les légions romaines qui remontèrent la vallée du Rhône, s'emparèrent de la Bourgogne et descendirent la Loire. Après la période gallo-romaine, qui dura jusqu'au ve siècle, les traditions viti-vinicoles furent préservées par les ordres monastiques. L'abbaye de Marmoutier joua un rôle important pour encourager la viti-culture en Touraine, région à laquelle l'abbé Breton de Saint-Nicolas-de-Bourgueil aurait apporté le Cabernet Franc.

À la fin du Moyen Âge, la noblesse prospère du Val de Loire consommait abondamment les vins de la région qui furent bientôt connus à Paris. Ceux d'Orléans, qui ont maintenant presque complètement disparus, figuraient sur la table royale à Versailles et à Paris au xviie et au xviiie siècle. Paris était et est restée l'arbitre des élégances – plus récemment, la vogue du Sancerre et du Muscadet dut beaucoup à leur adoption par la société parisienne.

L'histoire de la viti-viniculture moderne date de la seconde moitié du xixe siècle, quand le vignoble français, qui avait déjà beaucoup souffert de deux maladies cryptogamiques, l'oïdium et le mildiou, fut attaquée par un puceron venu d'Amérique, *Phylloxera vastatrix*. La solution fut le greffage des cépages français de l'espèce *Vitis vinifera* sur des porte-greffes d'origine américaine résistant à l'insecte dévastateur.

À court terme, l'invasion phylloxérique fut un désastre : entre 1864 et les années 1890, la plus grande partie du vignoble fut détruite. Ensuite, les conséquences furent d'une part positives en ce que seuls les vignobles dignes d'intérêt furent replantés, d'autre part négatives car de nombreux vignerons, dans l'espoir de compenser leur pertes, choisirent des cépages à haut rendement ne permettant pas d'obtenir des vins de qualité.

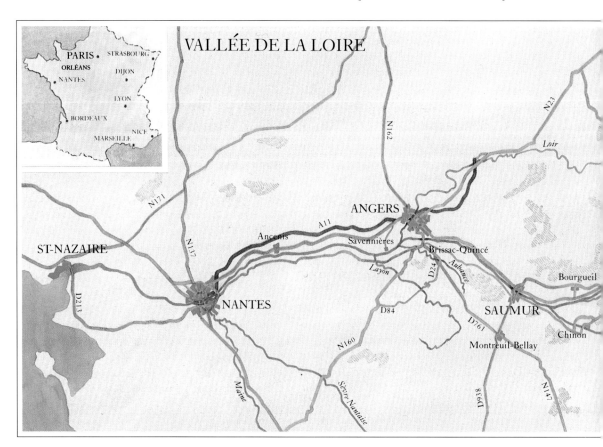

L'APPELLATION CONTRÔLÉE

Des premières mesures pour réglementer la production vinicole furent prises au début du XXᵉ siècle. Le principe d'une garantie de qualité et d'authenticité des vins de régions déterminées fut établi par la Loi Capus de 1905 mais les décrets sur l'*appellation d'origine contrôlée* (AOC) qui régissent aujourd'hui la production vinicole commencèrent à être promulgués beaucoup plus tard. La première AOC de la Loire – la deuxième en France – fut celle de Quincy, en 1936, suivie de nombreuses autres avant et après la Seconde Guerre mondiale. Une autre catégorie d'appellation, moins prestigieuse, celle des *vins délimités de qualité supérieure* (VDQS) fut créée en 1973. Les VDQS viennent souvent de vignobles périphériques, comme ceux du Haut Poitou ou de Châteaumeillant ou de ceux produisant, dans une région connue, des vins plus rustiques, comme le Coteau d'Ancenis ou le Gros-Plant du Pays Nantais. La définition européenne des vins appartenant aux AOC et aux VDQS, à laquelle il faudrait commencer à s'habituer, est *vin de qualité produit dans des régions déterminées* (VQPRD). Enfin, la dernière née des appellations, conçue dans le même esprit mais moins contraignante, est celle des *vins de pays*.

La réglementation des vins d'appellation d'origine (AOC et VDQS) précise d'abord l'aire d'appellation : le Pouilly-Fumé, par exemple, ne peut être produit que sur le territoire de sept communes. Elle définit ensuite le ou les cépages autorisés et leur proportion : ainsi les vignobles du Bourgueil et du Chinon, essentiellement complantés en Cabernet Franc, peuvent compter jusqu'à 10 pour cent de Cabernet Sauvignon.

Un rendement trop élevé étant incompatible avec la qualité, la méthode de taille est spécifiée, ainsi que le rendement maximum autorisé. Celui-ci est plus élevé qu'il ne le fut, ce qui reflète l'amélioration des techniques de culture et de vinification. Une récolte abondante ne sera pas nécessairement moins bonne qu'une récolte plus modeste, d'autres facteurs entrant en ligne de compte, mais le vigneron qui restreint volontairement le rendement de sa vigne obtiendra régulièrement un raisin de meilleure qualité que celui qui la taille moins sévèrement.

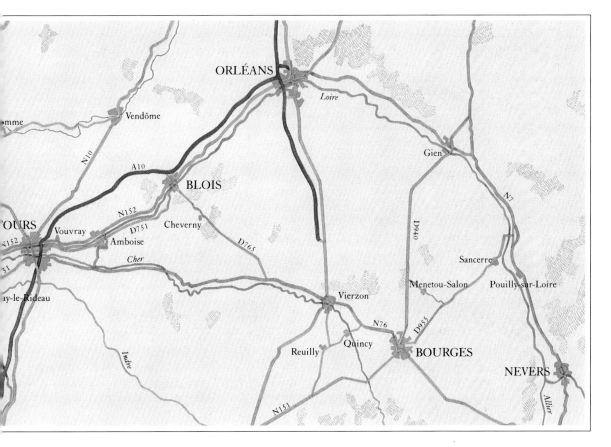

Dans la Loire, le rendement maximum autorisé le plus bas est de 22 hl/ha pour le Quart-de-Chaume, celui de la plupart des autres appellations de vin blanc liquoreux ou moelleux est fixé à 25 hl/ha (semblable à celui du Sauternes) en Anjou, tandis que celui des autres blancs, des rosés et des rouges de la Loire varie entre 40 et 55 hl/ha.

Il est aussi nécessaire de s'assurer que le raisin est vendangé à bonne maturité, sa richesse en sucre déterminant sa teneur en alcool. Un degré alcoolique minimum est donc spécifié pour chaque appellation, allant de 8°5 à 9°5 pour les vins effervescents, de 12°5 à 13°5 (dont 12° d'alcool acquis) pour les moelleux ou liquoreux comme le Bonnezeaux, de 9 à 11° pour les autres blancs et les rosés, de 9 à 10° pour les rouges.

L'appellation d'origine contrôlée n'offre pas une garantie absolue de qualité, mais fraude délibérée mise à part, elle joue bien son rôle de protection des consommateurs et des producteurs.

LES RÉGIONS VINICOLES

Nous avons divisé la Loire vinicole en quatre régions de production principales : vignobles du Centre; Touraine; Saumurois et Anjou; Pays nantais. Les vignobles périphériques dispersés du Massif Central et du sud du Cher et de l'Indre (qui produisent surtout des vins rustiques, rouges et rosés issus du Gamay), du Haut-Poitou (où est cultivé un impressionnant cocktail de cépages), des Fiefs Vendéens, au sud du Pays Nantais (où l'on retrouve le Gamay à côté du Chenin blanc), ainsi que les vins de pays seront examinés à la fin de l'ouvrage.

Vignobles du centre. Dans le Nivernais et le Berry, le Sauvignon est roi pour les blancs secs et nerveux (notamment les Pouilly-Fumé, Sancerre et Quincy), tandis que le Pinot Noir donne des rouges et des rosés sans prétention.

De Paris, grâce à l'autoroute du sud et à la N 7, on atteint facilement cette région de la Loire, dont la principale attraction est le bourg de Sancerre, perché au sommet d'une butte isolée couverte de vignobles.

À partir des Coteaux-du-Giennois, où cohabitent le Sauvignon, le Pinot Noir et le Gamay, la Loire s'oriente à l'ouest, décrivant une courbe autour de la Sologne, surtout connue pour ses forêts giboyeuses. C'est le pays du *Grand Meaulnes* d'Alain-Fournier, qui ne convient pas à la viticulture.

À l'époque médiévale, les vins de la région d'Orléans eurent leur heure de gloire. Aujourd'hui, les plateaux de part et d'autre du fleuve sont consacrés à la polyculture et il n'existe plus qu'une modeste appellation VDQS, Vins de l'Orléanais, où l'on trouve des vins issus du Pinot Meunier, un cépage qui n'est guère cultivé qu'en Champagne.

Touraine. Au fur et à mesure que l'on s'approche de Tours, le Sauvignon et le Gamay cèdent la place aux cépages classiques du Val de Loire : Chenin Blanc pour les vins blancs, Cabernet Franc pour les vins rouges et rosés. Tours se trouve au cœur de la région des châteaux, berceau de la langue française la plus pure.

Des quatre régions, c'est la Touraine qui offre le plus grand choix de vins : rouges, rosés et blancs; tranquilles ou effervescents; secs, demi-secs ou moelleux. Le Vouvray est le plus noble des vins blancs; parmi les rouges, Chinon, Bourgueil et Saint-Nicolas-de-Bourgueil se partagent les places d'honneur. Pour l'œnophile, la visite de la Touraine présente un inconvénient : l'agglomération de Tours sépare les appellations citées ci-dessus. Dans toute la Touraine, les vignobles sont situés de part et d'autre du fleuve, les ponts sont souvent mal situés et les routes des deux rives sont habituellement surchargées.

Saumurois et Anjou. Les deux cépages roi de cette région sont aussi le Chenin Blanc et le Cabernet Franc – ou, pour leur donner leur désignation locale, le Pineau de la Loire et le Breton. La vie est beaucoup plus calme ici, sans l'agitation d'une ville comme Tours.

Dans le Saumurois, sur la rive gauche de la Loire, on trouve un nombre considérable de grottes creusées dans le tuffeau, qui furent habitées par des troglodytes aux temps préhistoriques. Certaines abritent maintenant des caves magnifiques; dans d'autres on cultive des champignons.

À l'ouest, en Anjou, les falaises disparaissent, le schiste remplace le calcaire et la campagne est parsemée de moulins en ruine. Le climat de cette région est proche-atlantique (la douceur angevine est réputée), avec des températures élevées en septembre et en octobre et des matinées brumeuses – une combinaison qui permet, quand l'automne est favorable, la production de quelques-uns des plus grands vins liquoreux du monde, aux antipodes du Rosé d'Anjou, beaucoup plus connu!

Pays Nantais. Le fleuve continue à s'élargir en

*À 20 km au nord d'Angers, le château du Plessis-Bourré s'insère dans un
paysage qui évoque à merveille la douceur angevine.*

approchant de Nantes, dernière ville de la Loire
et la plus peuplée, avant Saint-Étienne. Ici, où l'influence de l'Atlantique est prépondérante, on a
l'impression d'être plongé dans un océan de
vignes. Les deux cépages principaux sont le Muscadet (nom local du Melon de Bourgogne) – le
plus abondant de toute la Loire – et le Gros Plant
(nom local de la Folle Blanche, cépage qui donne
les Cognac les plus fins). On n'y élabore pas de
« grand » vin, mais des vins qui sont souvent délicieux.

Les vignerons de la Loire sont fiers de leurs vins
– ils n'en tirent pas vanité, mais croient à ce qu'ils
font et le font donc bien. Ici, l'attribution de
médailles d'or aux meilleurs vins est une affaire
sérieuse alors que dans d'autres régions vinicoles,
ces récompenses ont perdu de leur prestige.

Les producteurs se sentent avant tout angevins,
tourangeaux, sancerrois, nantais, etc., mais la
Loire est néanmoins le lien unissant les quatre
régions principales et leurs satellites que nous
allons explorer dans ce guide.

VITICULTURE
CONDUITE DE LA VIGNE

Avant le Phylloxera, le vignoble français était beaucoup plus vaste. Aujourd'hui, la vigne n'est plus cultivée que dans des régions où elle est commercialement rentable. Il ne s'agit pas nécessairement des endroits où elle pousse le plus facilement car on obtient les meilleurs résultats là où elle doit lutter pour survivre, comme ici, entre les 47e et 48e parallèles. Encore faut-il des circonstances mésoclimatiques et géologiques favorables : c'est le cas dans le bassin de la Loire.

Les vignobles sont rarement éloignés de la Loire ou de ses affluents, qui assurent le drainage essentiel aux vignobles et réfléchissent les rayons solaires. Dans certains sites privilégiés, la chaleur automnale et l'humidité créent les conditions du développement de la pourriture noble *(Botrytis cinerea)* qui est à l'origine des grands vins liquoreux.

L'importance de la nature du sol est controversée par les théoriciens, mais les vignerons ne la mettent pas en doute. Pour eux, si elle ne détermine peut-être pas l'arôme et la saveur du vin, elle conditionne son caractère, sa structure, sa couleur et sa longévité.

Dans presque toute la Loire, le sous-sol est formé d'une roche calcaire, ou crayeuse comme on dit plus volontiers. Le sol du Sancerrois, la «terre blanche», est fortement calcaire. Les falaises d'Anjou et de Touraine sont formées de craie, le sol caillouteux du Pays Nantais est en grande partie calcaire. Dans les régions de production du Vouvray ou du Saumur, la roche calcaire semi-dure est appelée tuffeau. On s'en est servi pour construire les châteaux et on y a creusé des caves magnifiques.

C'est la couche superficielle du sol qui joue le rôle principal, qu'il soit argileux, graveleux, sableux, schisteux ou siliceux. Le sol des vignobles du Bonnezeaux est argileux et schisteux, du Vouvray siliceux et calcaire. Le caractère des Pouilly-Fumé varie avec la proportion de craie, d'argile et de silice. Les sols les plus siliceux semblent donner les vins les plus pleins, doués de la longévité la plus grande.

Certains experts sont capables de déterminer, en goûtant un vin – la dégustation – la nature du sol du vignoble dont il est issu. L'importance du climat, et notamment celle des conditions météorologiques d'un millésime donné, est facilement perceptible à la dégustation. Mais le facteur le plus important des arômes et de la saveur d'un vin est le cépage. La Loire est particulièrement riche à cet égard : on y élabore des vins de tout style à partir d'au moins une douzaine de cépages blancs différents – certains d'intérêt local, d'autres célèbres dans le monde entier – et presque autant de cépages rouges.

Peu de cépages les plus connus sont originaires de la Loire. Le Chenin Blanc, appelé localement Pineau de la Loire, qui est cultivé en Anjou depuis le IXe siècle au moins, est la principale exception. S'il n'est plus le cépage le plus abondant, il reste le cépage blanc essentiel en Anjou et dans le Saumurois et celui dont sont issus les plus grands vins de Touraine. Le Chenin a peu émigré, si ce n'est en Afrique du Sud où il est le cépage blanc dominant, en Californie où l'on en tire des vins neutres et bon marché, et dans le climat plus froid de Nouvelle-Zélande.

Le Muscadet est le cépage blanc occupant la première place. Bien qu'on ne le trouve que rarement hors du Pays Nantais, il n'est pas originaire de la Loire. On en cultivait un peu au XVIIe, mais il n'est devenu le cépage dominant qu'après le terrible hiver 1709-1710 : à Versailles, l'encre gela dans les encriers et le vignoble du Pays Nantais fut détruit, à l'exception de quelques vignes d'un cépage appelé Melon de Bourgogne, qui avaient été effectivement importées de Bourgogne. Les plants survivants proliférèrent et prirent le nom de Muscadet. On en compte aujourd'hui près de 10 000 ha dans le Pays Nantais.

Le Sauvignon blanc est un autre cépage importé, probablement du Bordelais. Seul cépage du Sancerre, il gagne rapidement du terrain en Touraine et on le trouve dans certains VDQS périphériques. On l'appelle Blanc Fumé à Pouilly et ce nom s'est répandu en Californie, en Australie et en Nouvelle-Zélande pour les Sauvignons élevés en fûts de chêne (les autres portent le nom de Sauvignon). L'autre cépage blanc à la mode dans le monde entier, le Chardonnay, a fait son apparition récemment dans la Loire, mais il n'a ici aucune chance de tenir le haut du pavé, étant confiné dans quelques appellations mineures où il ne compte que pour une petite proportion de l'encépagement – moins de 20 % dans l'Anjou blanc par exemple. Il participe aussi à la production des vins effervescents. Enfin, il joue aussi un rôle dans quelques VDQS comme le Valençay, le Saint-Pourçain et les vins de l'Orléanais et du Haut-Poitou.

On trouve aussi la plupart des autres cépages blancs dans des VDQS plutôt que des AOC, à l'exception du Chasselas, seul constituant de l'AOC Pouilly-sur-Loire. Plus important est le Gros-Plant, dont on tire le VDQS du même nom et qui vient en deuxième position dans le Pays Nantais, pour la quantité comme pour la qualité.

Les tracteurs-enjambeurs sont spécialement conçus pour le travail dans des vignobles comme celui de Vouvray, complanté en Chenin Blanc.

CHENIN BLANC

Le Chenin Blanc est le cépage aristocratique natif de la Loire, où il est appelé Pineau de la Loire. Malgré une floraison et un mûrissement tardifs, il peut donner les plus beaux vins blancs, secs, moelleux, liquoreux, tranquilles ou effervescents. Les vins issus du Chenin Blanc possèdent un goût de pomme se développant avec l'âge. Leur forte acidité leur donne une longévité qui peut dépasser un demi-siècle.

AOC Anjou, Anjou-Villages, Anjou-Coteaux de la Loire, Bonnezeaux, Coteaux de l'Aubance, Coteaux du Layon, Coteaux du Layon-Villages, Coteaux du Layon-Chaume, Coteaux du Loir, Coteaux de Saumur, Crémant de Loire, Jasnières, Montlouis, Quarts-de-Chaume, Savennières, Savennières-Coulée de Serrant et Savennières Roche-aux-Moines, Saumur, Vouvray.
VDQS Cheverny, Coteaux d'Ancenis, Coteaux du Vendômois, Côtes de Gien, Fiefs Vendéens, Vins du Thouarsais.

MUSCADET

Le Melon de Bourgogne a mieux réussi dans la Loire, sous le nom de Muscadet, que dans sa Bourgogne natale. Dans le Pays Nantais, qui l'a adopté en raison de sa remarquable résistance aux gelées, on tire de ce cépage vigoureux, précoce et prolifique, un vin blanc sec et léger très acceptable.

Ses arômes et sa saveur peuvent souvent être neutres et son bouquet est difficilement identifiable. Une conservation et une mise en bouteille sur lie donnent aux meilleurs Muscadet finesse, fraîcheur et un léger perlant (de minuscules bulles) qui font tout son charme.

Le Muscadet doit normalement être bu très jeune, mais il vieillit mieux que le Sauvignon. Avec l'âge, un Muscadet d'une bonne année prend un caractère crémeux, plus riche.

AOC Muscadet, Muscadet des Coteaux de la Loire, Muscadet de Sèvre-et-Maine.

Il y a un peu d'autres cépages blancs : Malvoisie (Pinot Gris) dans le VDQS Coteaux d'Ancenis; Romorantin, dans le VDQS Cheverny; Tresallier (Sacy) et Saint-Pierre-Doré, dans le vignoble satellite de Saint-Pourçain; Pinot Meunier, plus généralement appelé ici Gris Meunier ou Auvernat Gris dans l'AOC Touraine et dans le VDQS Vins de l'Orléanais; Arbois (Menu Pineau) dans l'AOC Vouvray et les VDQS Cheverny et Valençay.

Parmi les cépages rouges, trois cépages nobles sont assez abondants : Cabernet Franc, Pinot Noir et Gamay. Le Cabernet Franc, parent pauvre du Cabernet Sauvignon dans le Bordelais, s'épanouit dans la Loire où il porte le nom de Breton (l'abbé Breton, intendant de Richelieu, l'aurait apporté du Bordelais quand il fut installé à l'abbaye de Saint-Nicolas de Bourgueil). Il donne les meilleurs vins de Touraine et d'Anjou et gagne du terrain dans le Pays Nantais.

Il y a peu de Cabernet Sauvignon, si ce n'est en Anjou où il est souvent associé au Cabernet Franc. Aussi loin au nord, il ne mûrit pas suffisamment pour acquérir le coprs et la compléxité qui équilibreraient sa forte teneur en tanin.

Dans la Loire, le Gamay n'atteint jamais la distinction du Cabernet Franc et ne réussit pas aussi bien que dans le Beaujolais d'où il a été importé. On en tire une grande partie des vins rouges bon marché de Touraine et il est aussi cultivé en Anjou et dans le Pays Nantais.

SAUVIGNON BLANC

En France, mis à part quelques châteaux bordelais, c'est dans l'est de la Loire que le Sauvignon Blanc donne le meilleur de lui-même. Sa vogue croît rapidement en Touraine, dans certaines appellations satellites et dans toutes les nouvelles régions viti-vinicoles du monde où on l'appelle parfois Blanc Fumé quand il a été élevé en fûts de chêne.

Le Sauvignon donne un vin très aromatique, sec et nerveux, qui évoque pour moi la groseille à maquereau ou le cassis. Excellent bu pour lui-même, il peut aussi accompagner des plats légers. La plupart des vins de la Loire issus du Sauvignon devraient être bus jeunes afin de préserver leur fruit.

AOC Sancerre, Pouilly-Fumé, Menetou-Salon, Quincy, Reuilly, Touraine (sous l'étiquette Sauvignon de Touraine).
VDQS Vins du Haut-Poitou; Côtes de Gien; Châteaumeillant, Cheverny, Saint-Pourçain; Valençay.

CABERNET FRANC

Parent pauvre du Cabernet Sauvignon dans le Bordelais, le Cabernet Franc, ou Breton, démontre sa classe en Touraine et dans le Saumurois. Aussi loin au nord, sa précocité est un atout.

Les vins issus du Cabernet Franc ont un bouquet puissant, en partie végétal, en partie de fruits mûrs; ils possèdent beaucoup de charme, mais certains les trouvent trop austères. Moins tanniques que les vins issus du Cabernet Sauvignon, ils déploient leur fruit plus vite, mais les meilleurs peuvent vieillir des décennies. Ils s'arrondissent avec l'âge sans gagner en complexité.

AOC Bourgueil, Saint-Nicolas-de-Bourgueil, Chinon, Saumur-Champigny, Cabernet d'Anjou, Coteaux du Loir, Rosé d'Anjou, Rosé de Loire, Touraine.
VDQS Cheverny, Coteaux d'Ancenis, Coteaux du Vendômois, Valençay, Vins du Haut-Poitou, Vins de l'Orléanais, Vins du Thouarsais.

AUTRES CÉPAGES			
Cépages blancs	**Appellations**	**Cépages rouges**	**Appellations**
Chardonnay	Vins de l'Orléanais	Gamay	Touraine, Anjou Gamay, Coteaux d'Ancenis
Chasselas	Pouilly-sur-Loire	Pinot Noir	Sancerre, Menetou-Salon, Orléanais
Arbois	Cheverny, Valençay, Vouvray	Cot (Malbec)	Touraine, Rosé d'Anjou
Romorantin	Cheverny	Cabernet Savignon	Anjou
Malvoisie	Coteaux d'Ancenis	Groslot	Anjou, Touraine
Gros-Plant	Gros-Plant du Pays Nantais	Pineau d'Aunis	Anjou, Touraine, Saumur, Coteaux du Vendômois, Valençay
Tresallier	Saint-Pourçain		
Saint-Pierre-Doré	Saint-Pourçain		
Aligoté	Saint-Pourçain		
Pinot Blanc	Haut-Poitou		

On ne trouve ni Gamay ni Cabernet Sauvignon dans les vignobles du Centre, qui sont le domaine du Pinot Noir. On pourrait trouver téméraire de cultiver dans une région aussi septentrionale un cépage qui doit souvent lutter pour mûrir en Bourgogne, mais on en tire des vins respectables dans les appellations Sancerre, Menetou-Salon et Reuilly. Il y en a aussi un peu autour de Gien et d'Orléans ainsi que dans le VDQS Valençay.

Le Groslot, ou Grolleau, est assez répandu, notamment pour la production de rosé. C'est un cépage très productif et sans grand intérêt, ce que démontrent la plupart des bouteilles de Rosé d'Anjou. Les meilleurs rosés sont issus du Cabernet Franc ou, dans les vignobles du Centre, du Pinot Noir, tandis que le délicieux rosé pâle de Reuilly est tiré du Pinot Gris.

L'ANNÉE DANS LE VIGNOBLE

Grâce à la mécanisation, surtout dans les appellations les plus vastes, le travail du vigneron est moins pénible qu'autrefois, mais dans les vignobles les plus prestigieux, sur les terrains en pente raide ou quand on sélectionne les grappes, on vendange toujours manuellement.

L'année commence par la taille d'hiver, c'est-à-dire l'élimination du bois mort et la limitation du nombre de sarments. Dans la Loire, on pratique généralement la taille Guyot : on ne conserve qu'un seul sarment ou deux, de part et d'autre du cep, ce qui permet de limiter le rendement. À Quincy, par exemple, les textes précisent soit un sarment avec un maximum de quatre yeux (bourgeons fructifères) ou deux avec un maximum de six yeux chacun. Une taille moins rigoureuse est autorisée pour le Muscadet : douze yeux par sarment si la taille Guyot est adoptée plutôt que la taille en gobelet.

Tout au long de l'année, le vigneron a des raisons de s'inquiéter. D'abord en avril, quand la sève commence à monter, puis en mai, au moment de l'éclosion des bourgeons : ses vignes risquent d'être victimes des gelées printanières, heureusement peu courantes dans le climat tempéré du Val de Loire. C'est dans l'est, où le climat est plus continental, que ce danger est le plus grand : les vignes de Pouilly, plus plates que celles de Sancerre, ont beaucoup souffert en 1985.

À la fin de juin ou au début de juillet ont lieu la floraison et la fécondation qui demandent un temps beau et sec sans trop de vent. Si tout se passe bien, les grappes se forment et les baies commencent à grandir. Le vigneron a maintenant une idée de l'importance de la récolte, sous réserve que la grêle ne dévaste le vignoble.

Pendant tout l'été, les maladies et les parasites menacent le raisin. Le vigneron s'en défend en pulvérisant des produits chimiques – mais les moyens de lutte «biologiques» gagnent du terrain. Ainsi, Mme Joly (Savennières-Coulée de Serrant) se refuse-t-elle à utiliser des produits toxiques.

Quand l'époque de la vendange approche, le raisin change de couleur et les pulvérisations cessent, afin qu'il ne reste pas de traces de produit toxique. C'est encore un moment crucial : il faut du soleil pour concentrer le sucre, mais une température pas trop élevée pour qu'une acidité suffisante soit conservée. La pluie serait désastreuse car elle pourrait provoquer la pourriture. Le raisin est aussi menacé par les oiseaux et... les touristes.

LA VENDANGE

Le début de la vendange dépend de l'année, du cépage et des intentions du producteur. Il est évident qu'elle ne peut commencer avant le moment où le raisin est mûr, qui varie d'une année à l'autre – fin septembre si elle est précoce, mais habituellement vers la mi-octobre.

Les deux cépages blancs principaux, le Sauvignon et le Muscadet, aux deux extrémités de la région, mûrissent tôt, comme le Cabernet Franc. Le Chenin Blanc étant plus tardif, on commence généralement à le vendanger au moins trois semaines après le Sauvignon. Bien qu'il soit long à mûrir, le Chenin Blanc peut donner des merveilles quand l'arrière-saison est belle. La teneur en sucre s'accroît et, quand les circonstances sont favorables, la pourriture noble provoque à la fois une augmentation supplémentaire de la richesse saccharine et de l'acidité (on vendange alors par tries successives).

La vendange 1987 du Château de Fesles (Bonnezeaux) illustre bien les risques que le Chenin Blanc fait courir au vigneron et les satisfactions qu'il peut lui apporter. La qualité du raisin récolté à la mi-octobre fut bonne, mais pas exceptionnelle. Puis vint la pluie : afin de ne pas risquer de tout perdre en l'interrompant complètement, on poursuivit la vendange début novembre et obtint un raisin d'assez mauvaise qualité. Enfin la pourriture noble apparut et la fin de la vendange (du 15 au 18 novembre) fut d'une qualité miraculeuse.

VINIFICATION
L'ÉLABORATION DU VIN

Il n'existe pas une recette miraculeuse unique permettant de réussir à coup sûr la transformation du jus de raisin en vin. Chaque style de vin pose des problèmes particuliers et chaque vinificateur applique ses propres solutions.

Vinification des Blancs Secs

La plupart des vins blancs de la Loire sont secs et doivent être bus jeunes. Leur vinification tend à être courte et simple – ou aussi simple que cette opération complexe peut l'être.

Le vinificateur devrait poursuivre les trois objectifs principaux suivants : transformer le sucre du raisin en alcool grâce à la fermentation ; conserver au maximum les arômes et le goût du raisin ; élaborer un vin sain, stable, sans défauts apparents ou cachés. Les résultats varient avec le matériel disponible, l'état du raisin et selon que le producteur recherche le profit ou la qualité.

Il n'est pas difficile de décrire le procédé à grands traits : on presse d'abord le raisin pour en exprimer le jus, appelé moût ; on permet ensuite

Jean-Claude Châtelain et ses cuves de Pouilly-Fumé. L'acier inoxydable est le matériau idéal pour la vinification du Sauvignon.

au moût de fermenter, ce qui donne du vin : on conserve ensuite ce vin dans de grandes cuves jusqu'au moment de l'embouteiller. La complication naît de choix auxquels le vinificateur est confronté à chaque étape de la vinification.

La première étape est le pressurage du raisin égrappé. Le jus obtenu étant remarquablement peu appétissant, il faut le laisser reposer pour éliminer les bourbes (matières en suspension) : c'est le débourbage statique. On peut l'accélérer par centrifugation : c'est le débourbage dynamique. Il est essentiel que le moût soit propre et clair et on le protège de l'oxydation par addition d'anhydride sulfureux. Ce sulfitage détruit aussi les micro-organismes.

La macération pelliculaire a été adoptée récemment par de nombreux vignerons alors que d'autres y sont farouchement opposés. Ce procédé controversé, qui consiste à laisser macérer une nuit ou peut-être davantage les grappes entières dans une cuve avant le pressurage, a pour but d'augmenter l'extraction aromatique. Ses adversaires lui reprochent une perte de fraîcheur et soutiennent que l'accroissement du goût et des arômes est temporaire et qu'il est obtenu au détriment de l'équilibre du vin, indispensable à sa longévité.

Afin d'obtenir cet équilibre, le vinificateur doit parfois aider la nature : si le soleil n'a pu donner au raisin une richesse saccharine suffisante, il ajoute du sucre au moût. Ce procédé, appelé chaptalisation, souvent nécessaire dans la Loire n'est pas condamnable en soi si l'on y recourt avec mesure pour rectifier l'équilibre d'un vin et non massivement pour renforcer artificiellement un moût beaucoup trop pauvre.

La fermentation alcoolique peut maintenant commencer spontanément grâce aux levures naturelles du raisin. Certains producteurs modernes préfèrent les éliminer et ensemencer le moût avec des levures sélectionnées qu'ils contrôlent plus facilement, au risque d'aboutir à une certaine neutralité aromatique. Les principales variables de cette deuxième étape sont le genre de cuve, la température de fermentation et sa durée.

Pour la plupart des vins, la cuve de vinification en acier inoxydable est parfaite en raison de sa propreté et de la facilité avec laquelle on contrôle sa température, mais elle est chère. C'est le genre de cuve qui préserve le mieux la fraîcheur et les arômes naturels du moût : elle est donc idéale pour des cépages comme le Sauvignon. La cuve en ciment revêtu intérieurement de résine epoxy – autre matériau inerte – est presque aussi efficace et moins chère.

On utilise aussi des fûts, généralement en bois de chêne ou, parfois, de châtaignier et même de frêne. Cela modifie le caractère du vin car l'air traversant lentement les parois provoque une légère oxydation, tandis que le bois lui-même cède au vin des éléments aromatiques.

La grande majorité des vins blancs secs et légers de la Loire non seulement n'exigent pas d'être logés dans le bois, mais encore pourraient en souffrir. Pourtant Didier Dagueneau s'efforce de prouver le contraire avec son Sauvignon *(voir pages 39-40)*. Le seul cépage blanc bénéficiant indiscutablement du bois est le Chenin Blanc. La qualité de ses vins ne dépend pas des arômes primaires : comme ceux issus du Chardonnay, ils sont capables d'acquérir avec l'âge des sommets de complexité et une grande finesse aromatique – surtout s'ils ont bénéficié d'une vinification et d'un élevage dans des fûts de bois.

La fermentation alcoolique engendrant de la chaleur, il est nécessaire de refroidir la cuve de vinification. Les fûts se refroidissant moins facilement, leur température sera plus élevée, ce qui encourage l'extraction des arômes, mais avec des risques d'oxydation et d'accidents bactériens.

Pour la plupart des vins aromatiques, une température de fermentation de 15 à 18° préservera la fraîcheur, la nervosité et le fruit. Une fermentation à trop basse température engendre un bouquet et un goût qui paraissent peu naturels et sans rapport avec le cépage.

La durée de la vinification varie avec la température car les levures provoquant la fermentation sont d'autant plus actives que la température est plus élevée.

La fermentation alcoolique est achevée au bout de quelques semaines : le sucre a alors été transformé en alcool et le moût en vin. Une seconde fermentation, différente de la première, est maintenant possible. C'est la fermentation malolactique, sous l'action de bactéries lactiques naturellement présentes dans le vin. Elle provoque la transformation de l'acide malique (un peu âpre et rappelant le jus de pomme) en acide lactique (à la saveur acide moins prononcée), ce qui donne de la souplesse au vin et diminue son mordant. Une forte acidité étant typique de nombreux vins de la Loire, leurs producteurs désirent rarement la diminuer, sauf dans les millésimes très mauvais.

*Cette cave vénérable appartient à Pierre Druet, un viticulteur de Bourgueil.
Les vins de l'année précédente évoluent dans ces fûts typiques de l'Anjou
et de la Touraine.*

Ils préfèrent donc bloquer la fermentation malolactique. Ironiquement, celle-ci se déclenche plus difficilement chez les vins très acides qui en bénéficieraient que chez ceux déjà peu acides.

Lorsque la fermentation alcoolique ainsi que la fermentation malolactique éventuelle sont achevées et que l'on a procédé à la clarification, la plupart des vins blancs de la Loire ne gagnent rien à séjourner longtemps en cuve. Quelques producteurs du Muscadet, suivant l'exemple du Beaujolais, proposent maintenant leur vin en primeur, en novembre déjà. Plus généralement, la mise en bouteilles, qui peut commencer dès le Nouvel An, a lieu aux alentours de Pâques. La réglementation exige que le Muscadet sur lie soit embouteillé avant le 30 juin (*voir* pages 69-70 la description de cette technique particulière d'élevage des vins blancs).

VINIFICATION DES BLANCS DEMI-SECS

Tout ce qui distingue un blanc demi-sec d'un blanc sec est la présence d'une quantité notable de sucre résiduel. Un blanc sec peut contenir jusqu'à 4 g de sucre par litre (à peine décelable), un demi-sec de 4 à 20 g. Deux vins possédant la même proportion de sucre résiduel peuvent ne pas paraître également doux, la saveur sucrée apparente dépendant aussi d'autres facteurs, notamment la teneur alcoolique et l'acidité.

Certains vins ont une propension au style demi-sec. Presque tous sont issus du Chenin Blanc (Pineau de la Loire), les plus connus étant le Vouvray et le Montlouis. L'Anjou et, rarement, le Savennières se trouvent aussi en demi-sec.

Pour autant que le moût ait une richesse saccharine suffisante, la fermentation alcoolique s'arrête spontanément avant que tout le sucre ait été transformé en alcool (les levures ne peuvent survivre au-delà d'une teneur alcoolique de 14°5). Dans la pratique, on l'interrompt délibérément au moment souhaité par l'addition d'anhydride sulfureux ou en abaissant la température de la cuve de vinification jusqu'à 5°, ce qui inhibe les levures. Un soutirage et/ou une filtration éliminant les levures assure que la fermentation ne reprendra pas.

Qu'il s'agisse des vins bon marché ou des plus prestigieux, il est essentiel de conserver un bon équilibre sucre/acidité. Ainsi, plus l'acidité sera élevée, plus il sera nécessaire d'avoir du sucre résiduel pour la masquer.

Bien que les textes réglementaires puissent définir les caractéristiques des vins secs et demi-secs, l'indication de leur style est souvent omise sur l'étiquette, ce qui entraîne une certaine confusion, un même vin pouvant être demi-sec une année et sec la suivante.

VINIFICATION DES MOELLEUX ET LIQUOREUX

Dans une certaine mesure, la vinification des vins moelleux et liquoreux obéit au même principe que celle des vins demi-secs : la fermentation s'arrête naturellement ou est délibérément interrompue, alors qu'il reste encore du sucre non transformé en alcool.

Dans les vignobles les plus ensoleillés des Coteaux du Layon, on obtient naturellement des vins moelleux (de 20 à 40 g de sucre résiduel par litre). On va même plus loin certaines années, rares et privilégiées, quand les conditions climatiques provoquent le développement de la pourriture noble (*voir* page 16). Celle-ci augmente encore la richesse en saccharine et permet l'élaboration de vins liquoreux (plus de 40 g de sucre résiduel par litre). Pour l'AOC Bonnezeaux, la réglementation exige 12° d'alcool acquis et au moins 1,5° d'alcool en puissance (c'est-à-dire – sachant qu'il faut 17 g de sucre pour produire 1° d'alcool – 25,5 g de sucre résiduel par litre au minimum). Les années exceptionnelles, le raisin botrytisé peut dépasser une richesse saccharine de 340 g par litre (plus de 20° d'alcool potentiel).

VINIFICATION DES ROUGES

La technique de vinification en rouge et en rosé est très différente de celle de vinification en blanc. Il n'est pas inhabituel qu'un vigneron montre du génie pour l'une et soit médiocre pour l'autre. La principale différence tient à l'extraction de la couleur. Le jus des raisins rouges étant blanc (on peut donc élaborer un vin blanc avec du raisin rouge d'un raisin blanc), il est indispensable, pour obtenir un vin rouge, de laisser le moût en contact avec les peaux pigmentées du raisin pendant la fermentation afin d'en extraire la couleur.

La méthode traditionnelle consiste à érafler le raisin (si la machine à vendanger ne l'a pas déjà fait), à le fouler – c'est-à-dire à écraser les grains pour libérer le jus – et à laisser le moût et les peaux fermenter dans une cuve ouverte en acier inoxydable ou en bois.

La durée de la cuvaison peut varier. Elle sera de huit à dix jours pour les vins de Cabernet Franc des appellations les moins prestigieuses et pourra atteindre vingt-cinq jours pour les meilleurs Bourgueil et Chinon.

Avec le raisin cultivé dans un climat aussi septentrional, des cuvaisons plus courtes ne permettraient pas une extraction de couleur suffisante, aussi a-t-on imaginé une méthode permettant de l'accélérer. Un système de barbotage d'azote en cuve close a été essayé avec succès en Anjou et en Touraine pour des vins issus du Cabernet Franc demandant à acquérir une certaine souplesse pour compenser la dureté propre au cépage.

Une autre méthode, la macération semi-carbonique – celle des Beaujolais –, permet aussi une extraction rapide des pigments et est utilisée pour la plupart des vins issus du Gamay. Les grains entiers (non foulés) sont déposés dans une cuve de fermentation close et le gaz carbonique provenant de la fermentation y reste emprisonné. Il en résulte des vins qui sont l'antithèse des Cabernet classiques : peu charpentés, très fruités et bouquetés, d'une belle couleur rouge vif, à consommer rapidement.

Les meilleurs rouges bénéficieront probablement d'un élevage dans le bois. On trouve encore des foudres traditionnels d'une capacité de plusieurs dizaines à plusieurs centaines d'hectolitres, souvent si vieux que le bois n'a plus guère d'influence sur le vin. On utilise généralement, des fûts de plus petite capacité – de 200 à 295 litres suivant la région.

Le séjour dans le bois donnera des résultats différents selon l'âge des fûts. Certains vignerons logent leur vin dans des fûts neufs qui peuvent parfois lui communiquer trop de tannins agressifs, mais lui donner aussi une classe certaine s'ils sont utilisés avec discernement. De très nombreux vignerons préfèrent racheter des fûts ayant deux ou trois ans à des domaines célèbres de Bourgogne (Sancerre) ou du Bordelais (Anjou et Touraine).

VINIFICATION DES ROSÉS

La vinification des rosés commence comme celle des rouges, mais le moût est soutiré pour le séparer des peaux après 24 heures, quand la teinte désirée – allant du délicieux « œil de perdrix » au rose saumon et au rouge cerise léger – est obtenue. Elle est ensuite menée comme celle des blancs. Les rosés ne font jamais de bois et sont embouteillés tôt afin de préserver leur fraîcheur.

VINIFICATION DES VINS EFFERVESCENTS

Les vins rendus effervescents par le gaz carbonique dissous qu'ils contiennent sont dits perlants, pétillants, crémants ou mousseux par ordre croissant de la pression gazeuse.

Le vin blanc servant à leur production est vinifié comme nous l'avons vu ci-contre. La réglementation autorise un rendement plus élevé et une teneur alcoolique plus basse pour les vins effervescents que pour les vins tranquilles.

L'effervescence est obtenue comme pour le Champagne par une seconde fermentation provoquée par l'adjonction dans la bouteille de la *liqueur de tirage* (sucre de canne dissous dans du vin et levures) (l'expression *« méthode champenoise »* est maintenant interdite). Cette fermentation, très lente, produit du gaz carbonique – qui créera l'effervescence – et un dépôt formé de levures mortes qui sera éliminé par dégorgement.

Ce vin étant très acide, on lui ajoute une *liqueur de dosage* plus ou moins sucrée (qui compense le vide dû au dégorgement).

La cave de Daniel Jarry est creusée dans le tuffeau typique de la Touraine. Certaines caves s'étendent sur des kilomètres, sous les vignobles d'où provient le vin qu'elles contiennent.

LES PRODUCTEURS

Quand il est question de vin, la plupart des gens se réfèrent à l'appellation (« si nous prenions un Muscadet à déjeuner ? ») et, parfois, aussi au millésime (« j'ai bu un merveilleux Chinon 1978 l'autre jour »). Le style d'un vin peut être déterminé par ces facteurs, mais sa qualité dépend du talent du producteur. Celui-ci peut être un vigneron qui embouteille lui-même son vin ou une société travaillant sur une grande échelle. Entre ces deux extrêmes, il existe toutes sortes de producteurs. Les principales catégories sont les vignerons individuels, les coopératives et les négociants.

Les premiers, souvent vignerons au même endroit depuis des générations, sont importants dans la Loire. Parfois, les revenus de la seule viticulture sont insuffisants, notamment dans les aires d'appellation les moins prestigieuses comme Coteaux d'Ancenis ou Cheverny. Ce sont des régions où les vignerons pratiquent la polyculture en cultivant, par exemple, des fruits ou des asperges.

Dans d'autres régions, la vigne suffit à leur assurer un revenu confortable s'ils possèdent des vignobles assez vastes. Quand ce n'est pas le cas, ils peuvent louer ceux d'un vigneron prenant sa retraite ou passer des accords de métayage, le

L'entrée de cette petite cave ne paie pas de mine.
C'est pourtant là que se cache un véritable trésor :
de nombreux millésimes de l'admirable Chinon de Charles Joguet.

vigneron cultivant la vigne et élaborant le vin, le bénéfice de l'exploitation étant partagé avec le propriétaire.

Il arrive que le viticulteur ne possède ni le talent ni le capital nécessaires à la vinification et à l'élevage. Une solution est d'adhérer à une cave coopérative qui s'en chargera pour son compte et assurera la commercialisation ou lui livrera le vin embouteillé.

Les caves coopératives sont particulièrement utiles dans les régions où les prix sont bas et où les acheteurs ne s'intéressent qu'à des quantités importantes. Traitant de grand volumes, elles sont en mesure de proposer des prix compétitifs.

Les caves coopératives sont rares aux deux extrémités de la Loire, mais jouent un rôle plus important en Anjou et en Touraine. Parmi elles, la Cave des Vignerons de Saumur à Saint-Cyr-en-Bourg, les Vignerons de Oisly et Thesée au cœur de la Touraine et celle de la Vallée Coquette pour le Vouvray effervescent, jouissent d'une réputation flatteuse. Autre excellent exemple, dans une appellation satellite, la Cave Coopérative du Haut-Poitou à Neuville-de-Poitou.

Le vigneron peut choisir de vendre son moût ou son vin au négoce, soit au coup par coup, soit chaque année sur une base contractuelle. Certains négociants sont spécialisés dans une région donnée, d'autres offrent un large éventail de vins de la Loire. Parmi les premiers, Ladoucette est réputé pour son Pouilly-Fumé (la famille contrôle maintenant aussi la maison Marc Brédif à Vouvray). De nombreux bons vins rouges de la Loire sont commercialisés par Couly-Dutheil Père et Fils, à Chinon (qui exploitent aussi un vignoble) et par la Maison Audebert et Fils, à Bourgueil.

Des négociants comme la Compagnie de la Vallée de la Loire à Montreuil-Bellay, les Caves de la Loire à Brissac-Quincé, Rémy Pannier à Saumur et, plus récemment, Guy Saget à Pouilly-sur-Loire, proposent toute une gamme de vins de la Loire, dont ceux des appellations classiques, une mer de Rosé d'Anjou et quelques vins de leur région moins connus. Ceux qui recherchent des vins ayant une personnalité marquée ont intérêt à s'adresser à d'autres sources.

Cependant, dans toute la Loire, on trouve des vignerons qui ne travaillent ni avec les caves coopératives, ni avec les négociants. Ils s'estiment assez compétents pour assurer à la fois la culture de la vigne, la vinification et l'élevage du vin, son embouteillage et sa commercialisation. Ce n'est

Gaston Huet, maire de Vouvray, produit les plus beaux vins de cette prestigieuse appellation.

pas, bien entendu, une garantie que le génie du vin se retrouvera dans la bouteille : il arrive à certains vignerons d'abîmer par une mise en bouteilles défectueuse des vins merveilleusement élaborés, issus de vignobles admirablement situés et cultivés à la perfection.

D'autres vignerons réussissent en tous points année après année. Les meilleurs des grandes appellations se sont forgés une réputation qui leur garantit une vente facile de tous les millésimes. Afin de satisfaire une demande croissante, certains d'entre eux, notamment de Sancerre et de Pouilly-sur-Loire – les deux appellation de la Loire les plus faciles à vendre dans les années 1980 – achètent du raisin (ou du moût) à leurs voisins et le vinifient comme s'il s'agissait du leur.

Le vin des bons vignerons sera généralement plus cher que celui des coopératives et des négociants. C'est le prix à payer pour des vins qui possèdent une personnalité plus affirmée.

Château de la Guimonière

COTEAUX DU LAYON CHAUM

APPELLATION COTEAUX DU LAYON CHAUME CONTROLÉE

DOUCET, propriétaire, ROCHEFORT-SUR-LOIRE (Maine-et-Loire)

12,5 % vol.

Product of France   Mis en bouteilles au château   **75**

SUR LIE
PRODUCE OF FRANCE

Clos des Bourguignons

de Sèvre et Maine

DET DE SÈVRE ET MAINE SUR LIE CONTRÔLÉE

BOUTEILLE AU DOMAINE
ETON, 44190 CLISSON - FRANCE

750ml

VAL DE LOIRE

CHÂTEAU DE POCÉ

TOURAINE

APPELLATION TOURAINE CONTROLÉE

1987

BLANC DE BLANCS

SEC   Mis en bouteille au Châte

SUR LE DOMAINE DE CHÂTEAU, VITICULTEUR AU CHÂTEAU DE

PRODUIT DE FRANCE

Cheverny

APPELLATION D'ORIGINE CHEVERNY
VIN DELIMITE DE QUALITÉ SUPERIEURE

Domaine du Salvard

11,8% Vol.

mis en bouteille à la propriété par

G. M. DELAILLE, Viticulteurs 41120 FOUGÈRES

V.D.Q.S.
LABEL

RZ 602

MUSCADET

DES COTEAUX DE LA LOIRE

SUR LIE

APPELLATION MUSCADET DES COTEAUX DE LA LOIRE CONTROLÉE

12% vol.   MIS EN BOUTEILLE AU DOMAINE PAR   e 750 ml

JACQUES GUINDON, SAINT-GÉRÉON PAR ANCENIS (L.-ATL.) FRANCE

PRODUCE OF FRANCE

CUVÉE DU   1987   SALVARD

GUIDE
DE
L'ACHETEUR

L'étiquette est la carte d'identité du vin.
Encore faut-il savoir l'interpréter.

Menetou-Salon
Morogues

APPELLATION MENETOU-SALON MOROGUES CONTROLÉE   75 cl

MIS EN BOUTEILLE A LA PROPRIÉTÉ PAR
Domaine Henry PELLÉ, récoltant à MOROGUES (Cher)
FRANCE

Domaine du Petit Val

BONNEZEAUX

APPELLATION BONNEZEAUX CONTROLEE

13 % VOL   MIS EN BOUTEILLES AU DOMAINE   75 cl

Vincent Goizil, viticulteur . Le Petit Val . Chavagnes 49.380

PRODUCT OF FRANCE

POUILLY-FUMÉ

APPELLATION POUILLY-FUMÉ CONTROLÉE

Domaine de Saint-Laurent-l'Abbaye

Mis en bouteille au domaine

e 75 cl   Jean-Claude CHATELAIN   12,5 % vol.

PROPRIÉTAIRE A SAINT-ANDELAIN · POUILLY-S/-LOIRE

QUE RECHERCHER?

Dans toutes les régions vinicoles, on trouve des producteurs dont les ambitions diffèrent les unes des autres. À une extrémité de l'échelle, l'idéaliste qui, souvent, ne se préoccupe pas de la situation du marché tant est grand son souci d'élaborer le meilleur vin possible, compte tenu du raisin, du vignoble et du millésime; à l'autre extrémité, le viticulteur qui recherche le profit maximum, sans se soucier de qualité pour autant que son vin reste vendable.

De même, vous, le consommateur, pouvez orienter vos achats en fonction du prix ou de la qualité. Il vous suffit de comparer les tarifs pour découvrir qui propose le vin le meilleur marché dans une appellation donnée. Mais si ce vin a été fait sans amour, vous n'en aurez pas pour votre argent. Pourquoi le dépenser ainsi pour une bouteille qui ne vous apportera aucune satisfaction alors que pour quelques francs de plus, vous pourriez vous en procurer une bonne?

Le problème est de définir quelles sont les bonnes bouteilles, la qualité n'étant pas nécessairement proportionnelle au prix. Il existe d'excellents vins pas trop chers, tandis qu'un prix élevé peut simplement refléter une marge bénéficiaire exagérée.

Plus vous consentirez d'effort, meilleures seront vos chances de faire une bonne affaire. L'idéal est de se rendre soi-même chez les producteurs. C'est facile dans la vallée de la Loire, région hospitalière où l'on trouve dans chaque village quantité d'enseignes de viticulteurs. Vous pouvez vous fier à votre instinct ou préférer vous adresser à un vigneron recommandé par un ami ou un guide. Cela peut être moins simple qu'il n'y paraît car le même nom peut se retrouver plusieurs fois – Bué, dans le Sancerrois, compte d'innombrables Roger et Crochet.

On peut rendre visite aux viticulteurs de huit heures à midi et de deux heures à six heures, du lundi au samedi, mais si l'on désire rencontrer le propriétaire, il est prudent de s'annoncer par téléphone, car il passe beaucoup de temps dans ses vignes. Il accepte parfois de recevoir des clients les dimanches et jours fériés, mais il est prudent de prendre rendez-vous.

De manière générale, les dégustations sont gratuites, mais le producteur s'attend à ce que vous lui achetiez de son vin si vous l'avez apprécié.

La majorité des amateurs ne peuvent se rendre sur place. Heureusement pour eux, le commerce de détail, de l'épicier du coin au supermarché, proposent toujours différents vins de la Loire, blancs, rosés, rouges et mousseux. Il devrait être encore possible de dénicher – à condition d'y mettre le prix – du Vouvray ou du Bonnezeaux des glorieux millésimes 1947, 1959, 1964 et 1971.

Une grande partie de la production vinicole de la Loire convient à une consommation quotidienne de qualité. Seuls quelques vins laissent entrevoir une touche de grandeur: des blancs vénérables issus du Chenin Blanc ainsi que des Chinon et Bourgueil (Cabernet Franc) de bonnes années, dus à des vignerons de premier ordre. Seuls les œnophiles avertis prennent soin d'en encaver: il faut suivre leur exemple car on ne trouve pas longtemps ces vins exceptionnels dans le négoce.

La plupart des autres vins de la Loire sont destinés à être bus jeunes. Leur achat n'est donc pas aussi périlleux que le choix d'un grand Bourgogne ou un grand Bordeaux. Les bouteilles de vin jeune ne devraient jamais présenter un «creux» (volume d'air sous le bouchon) important ni être madérisées (oxydées): qu'il s'agisse de blanc, de rosé ou de rouge, tout vin présentant un brunissement de la couleur doit être écarté.

Si vous avez ouvert une bouteille dont le contenu est trouble, qui contient des bulles de gaz (à moins qu'il ne s'agisse d'un vin effervescent) ou des particules en suspension, rendez-la au fournisseur. Il y a pourtant des exceptions: certains vignerons embouteillent leur vin avec un peu de gaz carbonique afin de lui conserver sa fraîcheur, ce qui le rend légèrement perlant. Ce phénomène s'observe aussi dans le Muscadet *sur lie* (*voir* pages 69-70). Un léger dépôt au fond d'une bouteille de blanc ne sera généralement pas l'indice d'un défaut: il s'agira probablement de cristaux d'acide tartrique qui n'ont aucun goût.

Une vinification ou un embouteillage imparfaits peuvent donner un vin dont les défauts ne sont pas immédiatement identifiables. Le principal problème dans la Loire, surtout pour les vins bon

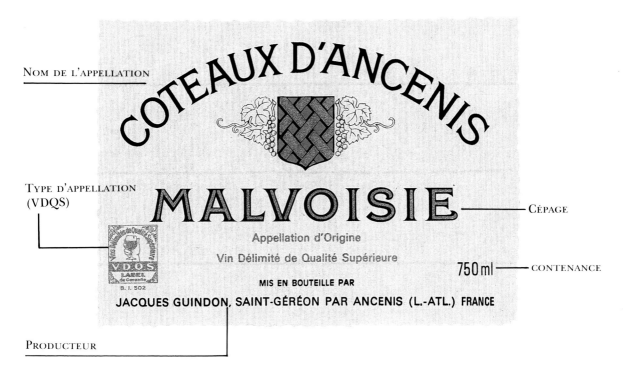

NOM DE L'APPELLATION

COTEAUX D'ANCENIS

TYPE D'APPELLATION
(VDQS)

MALVOISIE — CÉPAGE

Appellation d'Origine

Vin Délimité de Qualité Supérieure

750 ml — CONTENANCE

MIS EN BOUTEILLE PAR

JACQUES GUINDON, SAINT-GÉRÉON PAR ANCENIS (L.-ATL.) FRANCE

PRODUCTEUR

marché, est l'anhydride sulfureux (SO_2). Anti-oxydant et antiseptique, entre autres, il est souvent tenu pour une panacée et libéralement dosé par précaution. Une trop forte teneur en SO_2 annihile le plaisir de boire et peut causer des migraines douloureuses (la « barre au front »). Si, en humant un vin, vous ne décelez aucun fruit et avez envie de tousser, le coupable est l'anhydride sulfureux.

Un vin pourrait vous déplaire pour deux raisons : il souffre d'un défaut évident, ce qui est de plus en plus rare, ou – parfois – il ne correspond pas à votre goût. Une acidité élevée, facteur commun à la plupart des vins de la Loire, préserve leur fraîcheur et leur nervosité. C'est une partie intégrante de ces vins et vous devez l'accepter ou vous intéresser à des vins d'autres régions.

Il vous faut définir ce que vous recherchez avant d'investir de l'argent dans des bouteilles. Si vous savez ce que vous voulez, l'étiquette devrait vous indiquer si un vin donné a des chances de vous satisfaire, mais encore faut-il que vous sachiez la lire.

LECTURE DE L'ÉTIQUETTE

L'étiquette sur la bouteille joue un triple rôle : garantir l'authenticité du vin, décrire son style et assurer une forme de publicité au producteur. Son rôle publicitaire est évident : il s'agit d'attirer le regard du consommateur – que chez le détaillant, la bouteille exposée avec de nombreuses autres saute aux yeux. Certains producteurs estiment atteindre ce but avec une étiquette audacieuse, décorée de couleurs criardes, d'autres avec une étiquette sobre ou même d'un style dépouillé. Il pourrait y avoir aussi un aspect plus subtil, en quelque sorte une publicité infraliminaire. Le choix du format, des couleurs et du graphisme révélerait quelque chose de l'idiosyncrasie du producteur. Pour leur bénéfice mutuel, une affinité inconsciente entre le producteur et le consommateur serait établie par le truchement de l'étiquette.

Celle-ci indique aussi le statut du producteur. Les mots vigneron, viticulteur ou propriétaire-récoltant, signifient que la vigne a été cultivée et le vin élaboré par un producteur indépendant. Les

31

1987
DEMI-SEC

1987
DEMI-SEC

GRAND CRV D'ANJOV
MISE EN BOUTEILLE AU CHATEAU

CHÂTEAV D'EPIRÉ
SAVENNIÈRES
Appellation Savennières contrôlée
SCEA BIZARD - LITZOW, Prre, Savennières (Maine-et-Loire)

PRODUCE
OF
FRANCE

12,5 % Vol.
e 750 ml

PRODUCTEUR   APPELLATION   TITRE ALCOOMÉTRIQUE
ET CONTENANCE

expressions mis(e) en bouteille à la propriété, au château ou au domaine paraissent avoir la même signification, mais elles sont aussi utilisées par les négociants pour indiquer que le vin est d'une provenance unique et non un mélange de vins différents. Souvent, la dernière est aussi utilisée par les caves coopératives.

L'étiquette portera soit le nom de l'appellation suivie, selon le cas, de la mention «appellation... contrôlée» ou «*appellation d'origine Vin Délimité de Qualité Supérieure*», soit l'indication «*vin de pays de ...*», *ainsi que, le cas échéant, le millésime* (*voir* page 33).

L'appellation sera générique (Anjou, Touraine), régionale (Coteaux du Layon) ou communale (Montlouis). Parfois, le nom du vignoble fait partie de celui de l'appellation (Savennières-Coulée-de-Serrant) ou peut être ajouté après celui-ci

(Chinon Clos-de-l'Écho).

Dans certains cas, notamment dans les appellations les plus vastes, le cépage fait partie du nom de l'appellation (Gamay de Touraine, Gros Plant du Pays Nantais). Quand il n'est pas précisé, cela signifie qu'un cépage unique est spécifié par la réglementation (Sauvignon pour le Pouilly-Fumé) ou que le mélange de plusieurs cépages est autorisé (les AOC de Touraine). L'indication du style du vin (Vouvray sec, demi-sec ou moelleux), pourtant très utile, est parfois omise.

Les capacités des bouteilles (obligatoire sur l'étiquette) ont été fixées par la Communauté économique européenne. On ne devrait plus trouver, dès 1989 que des bouteilles de 37,5 cl (demi-bouteille), 75 cl (bouteille), 100 cl (litre) et 150 cl (magnum). De même, le titre alcoométrique acquis est obligatoire depuis le 1er mai 1988.

LES MILLÉSIMES

Dans certaines régions vinicoles, le choix du millésime est crucial. Dans la Loire, les choses sont moins compliquées. La majorité des vins, notamment les blancs secs et tous les rosés, sont destinés à être consommés rapidement – il faut donc se satisfaire du dernier millésime et prendre son mal en patience jusqu'au suivant s'il s'avère moins bon qu'on ne le souhaiterait.

Pour les vins effervescents et les meilleurs blancs tranquilles issus du Chenin Blanc, le millésime présente une plus grande importance. Les producteurs ne réservent pas chaque année une même proportion de la vendange pour l'élaboration de vin effervescent, mais la déterminent en fonction de la qualité. Les années où le raisin est moins mûr, ils en font davantage, car le vin effervescent supporte mieux un excès d'acidité que le vin tranquille.

De même, chaque année n'est pas favorable à la production de demi-sec et seuls de rares millésimes réunissent les conditions optimales pour les blancs moelleux et liquoreux.

La connaissance du millésime est aussi nécessaire pour les rouges de la Loire. Certains seront parfois souples et légers, destinés à être bus jeunes comme les blancs et les rosés, tandis que les plus prestigieux mériteront d'attendre – pour autant qu'ils soient d'un excellent millésime.

1987 Les conditions météorologiques furent souvent défavorables dans la première partie de 1987 mais les perspectives furent meilleures en septembre: peut-être aussi bon que les deux précédents et même un excellent millésime. Malheureusement, la pluie se mit à tomber la deuxième semaine d'octobre, réduisant à néant l'espoir d'une grande année, certains vins, dilués, étant même médiocres.

Pourtant dans les Pays Nantais, la vendange fut généralement achevée avant la pluie, permettant l'élaboration de vins pleins de caractère: 1987 est donc un millésime splendide pour le Muscadet. Ailleurs, les vendanges eurent généralement lieu après les pluies, mais certains propriétaires qui avaient décidé de récolter prématurément ont réussi à obtenir des vins plus concentrés et plus profonds que ceux de leurs concurrents.

La plupart des vins de la Loire du millésime 1987 sont sains et séduisants – mais quelque peu dilués. Il manque à de nombreux rouges la couleur et la concentration des deux millésimes précédents. Les blancs de Sancerre et de Pouilly ont du charme, mais ici aussi, il leur manque la profondeur indispensable à une cuvée de prestige.

Les Touraine blancs 1987 sont secs ou demi-secs et conviennent à la consommation immédiate. Une proportion de la vendange supérieure à la moyenne a été consacrée au vin effervescent.

La récolte fut abondante pour la troisième année consécutive et les prix sont restés stables, sauf dans les vignobles du Centre où, la demande excédant l'offre, ils ont nettement grimpé.

1986 Le Centre fut la région la plus favorisée. Le Sauvignon fut vendangé avant fin septembre, un bon ensoleillement permit un mûrissement parfait du raisin et la chaleur ne fut pas assez forte pour le dessécher ou lui faire perdre son acidité. On y produisit des vins magnifiquement équilibrés, frais, nerveux et très fruités.

Dans le Pays Nantais, il y eut une production record d'un Muscadet respectable n'atteignant toutefois pas le caractère et la qualité de celui du millésime précédant et du suivant.

En Touraine et en Anjou, un soleil généreux engendra des rouges très tanniques, plus difficiles à juger que les 1985, caractérisés par la souplesse. Ils manquent encore de charme, mais on pourra sans doute boire d'excellentes bouteilles de Chinon et de Bourgueil 1986 dans les années à venir.

La vague de chaleur de la première partie d'octobre fut parfaite pour le mûrissement du Chenin et une bonne concentration de sucre et d'acidité. Puis le temps se dégrada et le raisin fut récolté sans pourriture noble. En raison de leur acidité élevée, les 1986 issus du Chenin demandent à être attendus pour donner le meilleur d'eux-mêmes. 1986 fut un bon millésime pour les demi-secs.

1985 Dans toute la France, le début de 1985 fut catastrophique et la fin comparativement triomphale. En janvier et février, la température descendit bien au dessous de - 20° dans de nombreuses régions. Dans la Loire, les vignobles de Sancerre et surtout ceux, plus plats, de Pouilly souffrirent le plus du froid. Heureusement, la floraison se passa bien et la vendange fut abondante sauf à Pouilly.

Quand le beau temps arriva enfin, il persista jusqu'à la fin de la saison, si bien que les vins de Sauvignon de ce millésime n'ont pas leur nervosité habituelle. En revanche le Muscadet, qui bénéficia de l'ensoleillement exceptionnel, fut plus riche et plus ample que de coutume. Tous les rouges, qu'ils soient issus du Pinot Noir, du Gamay ou du Cabernet Franc, sont réussis : souples, séduisants, bien colorés et délicieusement fruités. Les meilleurs pourront se garder, mais il est tentant de les boire dès maintenant.

1985 fut une année glorieuse pour le Chenin Blanc. Dégustés jeunes, les grands vins d'Anjou comme le Bonnezeaux et le Savennières se sont montrés plus prometteurs que ceux des années précédentes. Des Vouvray et des Montlouis de premier ordre furent produits dans tous les styles : des vins secs étonnamment séduisants qui atteindront vite leur apogée, des demi-secs plus robustes et des moelleux glorieux, pour la garde. Il n'y eut pas beaucoup de pourriture noble, mais le raisin fut parfaitement mûr et équilibré. Les 1985 pourraient être de la classe des 1959 et 1964.

1984 Millésime médiocre marqué par un mûrissement insuffisant. Pourtant les vins du Centre sont réussis avec le caractère typique du Sauvignon bien en évidence. Ceux du Pays Nantais furent médiocres dans l'ensemble. Tous les rouges de la Loire manquèrent de profondeur et de couleur et les vins issus du Chenin furent quelconques.

1983 Millésime prometteur qui pourrait décevoir. Les blancs secs manquèrent certainement d'équilibre et furent, dans de nombreux cas, trop mous et insuffisamment acides. On élabora des Chenin Blanc puissants, dont de nombreux moelleux, mais ils pourraient bien ne pas soutenir la comparaison avec les 1985. La chaleur a engendré des rouges tanniques, mais parfois dangereusement fragiles. Les meilleurs vins issus du Cabernet Franc auront une belle longévité.

1982, 1981 et 1980 La vendange abondante de 1982 donna des vins honnêtes, sans grand caractère et ne convenant pas à une longue garde. Le millésime précédent, peu abondant et plus pro-

metteur donna d'excellents Sauvignon et quelques Chenin Blanc séduisants. 1980 fut médiocre.

Années 1970 Les seuls vins de la Loire des années 1970 ou des années antérieures que l'on peut encore rencontrer sont issus du Chenin Blanc. Il faut y ajouter quelques excellents Cabernet Franc de 1978 ou 1976. Malheureusement, ces vins n'ont pas la réputation qu'ils méritent et rares sont ceux qui ont pensé au Chinon ou à ses voisins au moment d'encaver des vins de longue garde. C'est pourquoi il est presque impossible de se procurer de vieux millésimes de ces excellentes appellations.

Des Vouvray, Coteau du Layon et Bonnezeaux des meilleurs millésimes sont un peu plus faciles à dénicher. La dernière année précédant 1983 où il a été possible de produire une quantité appréciable de moelleux fut 1976. Cependant, cette année très chaude s'acheva par la sécheresse : les vins de ce millésime présentent une richesse impressionnante, mais ils ont souvent un goût rôti qui gâche le plaisir de les déguster.

Le millésime véritablement classique de cette décennie est 1971. Les vins de cette année prometteuse exigeront encore un peu de patience pour atteindre leur apogée. À dix-huit ans, le Vouvray Le Haut-Lieu 1971 de Gaston Huet commence seulement à s'ouvrir – des nuances alléchantes d'arômes et de saveurs laissent entrevoir ce que deviendra ce vin quand il sera enfin parvenu à pleine maturité.

Anciens millésimes Les producteurs de la Loire sont plus riches de leur « millésime du siècle » que ceux d'autres régions. Deux millésimes de Vouvray se disputent le titre, 1921 et 1947. Les vins de ces années, s'ils n'ont plus l'exubérance de la jeunesse, présentent encore une fraîcheur étonnante laissant supposer qu'ils peuvent vivre encore plusieurs décennies, à condition d'être conservés dans une cave parfaite.

1947 fut extraordinaire pour le Bonnezeaux : riche de pourriture noble et parfaitement équilibré, c'est probablement le plus grand liquoreux jamais élaboré, toutes régions confondues.

Autres grands millésimes : 1933, 1943, 1945 (mais pas partout), 1949 – quelle décennie que celle des années quarante ! –, 1959 et 1964. Les vins des deux derniers commencent seulement à montrer les nuances incomparables des grands vins moelleux et liquoreux.

ÉVOLUTION DES PRIX

De manière générale, les producteurs fixent leur prix chaque année en fonction de la demande prévue, de la quantité de vin en stock, de l'abondance et de la qualité de la vendange, de l'inflation et de l'évolution de leurs frais généraux. Heureusement pour les amateurs, les vins de la Loire ne sont pas assez célèbres pour que leur prix soit poussé jusqu'à l'extrême. C'est normalement la loi du marché qui s'applique.

Prenons le Pouilly-Fumé comme exemple. La demande est forte depuis plusieurs années, le vignoble a beaucoup souffert de la vague de froid de 1985, les dernières récoltes ont été à peine suffisantes et il ne reste pour ainsi dire plus de vin des millésimes précédents en stock. À moins de vendanges abondantes (sans parler de l'acroissement continuel du coût de la main-d'œuvre), une nouvelle augmentation de prix semble inévitable. Les acheteurs n'ont pas regimbé jusqu'à maintenant, mais on peut raisonnablement penser que les producteurs auraient des difficultés à vendre leur Pouilly-Fumé s'il devenait plus cher que le Chablis.

Si les viticulteurs cultivant le Sauvignon dans le Centre connaissent des années de prospérité, la vie est parfois moins facile plus à l'ouest. En Touraine, les prix des vins de l'appellation régionale sont stables et le marché soutenu, mais les grands blancs de Vouvray et les rouges classiques, Chinon, Bourgueil et Saumur-Champigny ne se vendent pas aussi vite. De plus, il y a peu d'écart de prix entre les bons millésimes et les médiocres : c'est une chance pour ceux qui aiment ces vins plus complexes et qui ont la patience de les encaver jusqu'à leur maturité.

En Anjou, le prix des rouges est ferme, ce qui reflète la désaffection des consommateurs pour le Rosé d'Anjou, autrefois si populaire. Les blancs issus du Chenin Blanc souffrent comme en Touraine, sauf ceux des appellations les plus prestigieuses comme Bonnezeaux. Il y a dix ans, les millésimes récents de ceux-ci étaient très bon marché et on trouvait encore des vieilles bouteilles. Ce n'est malheureusement plus le cas aujourd'hui.

Indiquer un prix pour une appellation donnée est toujours difficile, tous les producteurs ne pratiquant pas le même. De manière générale, il existe deux catégories de prix. La première concerne les coopératives et les négociants; la seconde, sensiblement plus chère, les propriétaires-récoltants dont les vins possèdent une personnalité plus marquée (n'omettez pas de lire attentivement l'étiquette).

Dans le commerce de détail, les prix varient à l'intérieur de chaque catégorie selon la source et la marge bénéficiaire appliquée. En outre, quelques producteurs à la réputation bien établie pratiquent des prix sensiblement plus élevés. En revanche, un viticulteur mettant lui-même en bouteilles pour la première fois pourra proposer son vin au même prix que les coopératives. Il est évidemment plus avantageux d'acheter sur place ou de commander directement au producteur, mais la majorité des consommateurs s'adressant aux détaillants, ce sont les prix généralement pratiqués par ceux-ci que nous avons indiqués ci-dessous.

Les vins les moins chers sont les Vins de Pays (autour de 10 F la bouteille), suivis par les VDQS comme le Gros Plant et les appellations régionales (10 à 20 F la bouteille). Parmi celles-ci, le Rosé d'Anjou est habituellement moins cher que l'Anjou Gamay ou le Touraine issu du Gamay ou du Sauvignon.

Les producteurs de Muscadet tout court s'assurent un volume important de vente en pratiquant des prix bas (moins de 20 F la bouteille). Le Muscadet de Sèvre-et-Maine est un peu plus cher (jusqu'à 30 F la bouteille). Quand ils sont mis en bouteilles sur lie, les Muscadet sont plus chers.

On trouve certains Bourgueil et Chinon pour moins de 20 F, mais les bons, ainsi que les Vouvray et Saumur-Champigny pourront dépasser 30 F (dans tous les cas il s'agit de millésimes récents).

Parmi les blancs secs à boire jeunes, les plus chers sont ceux du Centre. Les Quincy, Reuilly et Menetou-Salon peuvent dépasser 30 F, ce qui est moins que le Sancerre (autour de 50 F) et le Pouilly-Fumé, à la mode (jusqu'à 80 F).

Enfin, le prix des vins effervescents (Vouvray, Touraine, Saumur, Crémant de Loire), dont les meilleurs sont vraiment excellents – ne manquez pas de les goûter –, est de 30 à 55 F.

À TRAVERS
LE
VIGNOBLE

La vigne et les chèvres se partagent le Sancerrois. Le joli village de
Bué est entouré de vignobles dont les meilleurs sont
le Clos Le Chêne Marchand et Le Grand Chemarin.

La Loire vinicole n'a pas d'unité. Elle est formée de plusieurs régions parfois voisines, parfois séparées par de grands espaces où l'on ne cultive pas la vigne. Toutefois, deux appellations génériques et la dénomination Vin de Pays, créées assez récemment, s'appliquent à presque toute la Loire.

L'appellation Rosé de Loire (septembre 1974) intéresse les rosés produits dans les aires d'appellation d'origine contrôlée Anjou, Saumur et Touraine, issus des cépages Cabernet Franc et Sauvignon (pour un minimum de 30%), Pineau d'Aunis, Pinot Noir, Gamay et Groslot. Elle a été créée devant la désaffection des consommateurs pour le Rosé d'Anjou légèrement sucré : le Rosé de Loire est obligatoirement sec.

La plus importante de ces créations récentes est celle de Crémant de Loire (octobre 1975). Elle s'applique aussi aux vins produits sur les mêmes aires AOC, mais leurs conditions de production sont plus sévères que celles des autres vins effervescents de ces appellations. Le rendement est limité à 50 hl/ha (60 pour la Touraine) et il est spécifié (comme pour le Champagne) que 100 l de moût au maximum peuvent être tirés de 150 kg de raisin. La pression dans les bouteilles de Crémant, inférieure à celle des mousseux traditionnels, ne peut excéder 3,5 atmosphères. Le Crémant est donc moins mousseux que les autres vins effervescents.

La liste des cépages autorisés est plus étendue : Chardonnay (de plus en plus cultivé), Chenin Blanc, Menu Pineau, Cabernet Sauvignon, Cabernet Franc, Pinot Noir, Pineau d'Aunis et Groslot. Un nombre croissant de producteurs abandonnent les appellations régionales au profit de celle de Crémant de Loire, qui se vend mieux.

Le plus connu des châteaux de la Loire est peut-être celui de Chenonceaux,
offert par Henri II à sa favorite, Diane de Poitiers.
On y fait des vins de Touraine jouissant d'une bonne réputation.

CENTRE

Un batelier d'autrefois descendant le fleuve royal depuis Nevers aurait commencé par passer entre le port de Pouilly-sur-Loire, à tribord, donnant accès aux collines onduleuses du Morvan, et la forteresse de Sancerre, à bâbord, commandant l'entrée dans le Berry. Pour les amateurs de vin, les deux rives appartiennent à une même région qui présente la première grande concentration de vignobles sur le cours de la Loire. C'est le royaume du Sauvignon Blanc, cépage d'excellents vins blancs fruités.

APPELLATIONS DES VIGNOBLES DU CENTRE	
Pouilly-Fumé	Reuilly
Pouilly-sur-Loire	Quincy
Sancerre	Coteaux du Giennois VDQS
Menetou-Salon	Vins de l'Orléanais VDQS

POUILLY-FUMÉ

Le meilleur vin de la région de Pouilly-sur-Loire est le Pouilly-Fumé (ou Blanc Fumé de Pouilly). Le port de Pouilly, autrefois centre commercial important situé à la fois sur le Loire et la N 7, se trouve maintenant à l'écart de l'autoroute et n'est plus qu'une petite ville paisible.

L'activité vinicole se déroule principalement dans les petits villages de la région. En suivant en direction du nord la route étroite qui longe le fleuve, on traverse Les Loges où travaillent des vignerons comme Edmond Figeat et Maurice Bailly, puis Bois-Gibault et Tracy au château duquel les Estutt-Assay ont fait d'excellents vins depuis des siècles.

Un peu plus loin de la Loire, on trouve Maltaverne, Bois-Fleury et Les Berthiers, hameau dont chaque maison porte l'enseigne d'un vigneron – ici vivent trois membres de la famille Dagueneau, Jean-Claude Châtelain et son père, Michel Redde et Gérard Coulbois, tous producteurs d'un excellent Pouilly-Fumé. Après Les Berthiers, la route mène à Saint-Andelain, autre important village viticole.

Quand on se rend de Saint-Andelain à Pouilly, on aperçoit le château du Nozet, un impressionnant bâtiment du XIXe siècle, siège de la Maison Ladoucette, plus gros producteur de l'appellation.

Le Pouilly-Fumé est issu exclusivement de Sauvignon – souvent appelé Blanc-Fumé sur cette rive. Le terme *Fumé* vient du duvet grisâtre qui se forme sur le raisin en cours de mûrissement et non de l'arôme de fumée que certains dégustateurs trouvent au vin.

D'ailleurs, le Pouilly-Fumé typique est plus végétal que fumé, avec un bouquet de cassis, de groseille et, parfois, une touche herbacée évoquant l'asperge. Quelles que soient leurs nuances aromatiques, tous les vins secs de la Loire issus du Sauvignon devraient posséder un nez et une bouche très fruités. Les meilleurs de ces vins stimulants possèdent suffisamment d'élégance et de persistance pour prendre place parmi les vins de grande classe, mais ils ne gagnent pas en complexité avec l'âge. Leur fraîcheur et leur fruité s'évanouissent même assez vite.

Dans quelle mesure le Pouilly-Fumé diffère-t-il du Sancerre, le vin de l'autre rive? Certains assurent aimer l'un et détester l'autre, mais ceux capables de les distinguer dans une dégustation à l'aveugle sont rares. S'il y avait une différence, ce serait une ampleur et une longévité un peu plus grandes du Pouilly-Fumé. On dit volontiers qu'un Sancerre et un Pouilly-Fumé du même producteur se ressemblent plus étroitement que deux vins de la même appellation élaborés par des vignerons différents. Les techniques mises en œuvre par le vinificateur, spécialement s'il utilise les mêmes levures, peuvent influencer le caractère des vins qu'il élabore autant que des facteurs naturels comme la nature du sol.

La structure géologique de l'aire d'appellation du Pouilly-Fumé – un plateau onduleux sans les pentes escarpées du Sancerrois – n'est pas homogène: généralement argilo-calcaire, tantôt plus graveleux, tantôt plus crayeux, notamment près des Loges. Les vignobles de Saint-Andelain comptent une proportion significative de silice, ce qui donne des vins plus fermes ayant une longévité plus grande.

Un vigneron, Didier Dagueneau, a décidé de tirer parti du sol siliceux de son domaine. Il vendange plus tard que ses voisins pour accuser l'influence du sol sur le raisin; il élabore et élève son vin dans le bois, ce qui est maintenant rare dans la

Didier Dagueneau, le plus original des vignerons de l'appellation, produit un Pouilly-Fumé extravagant.

région; il essaie constamment des bois d'origine différente et varie ses techniques pour minimiser les risques; de plus, il utilise du bois neuf, ce qui devrait logiquement éliminer complètement le caractère fruité. Pourtant, le vin de Didier Dagueneau le conserve, bien qu'il soit incontestablement marqué par le bois, mais il demande plusieurs années pour déployer ses qualités. Seul l'avenir nous apprendra si l'enthousiasme de ce vigneron très original est justifié.

Son voisin, Jean-Claude Châtelain, élabore un Pouilly-Fumé parfaitement classique, très fruité, avec une finesse qui ne s'embarrasse pas de complexité. Ses cuves de vinification sont en inox et à température contrôlée et son vin ne fait pas de bois. Il vinifie séparément le raisin de ses différentes parcelles, ce qui permet de déceler les variantes apportées par la nature calcaire, argileuse ou siliceuse du sol, mais il préfère recourir à l'assemblage afin d'offrir un vin de style constant. Les meilleures années, il propose une *cuvée* issue de ses plus vieilles vignes.

La famille Ladoucette a fait de même avant lui avec le Baron de L, un Pouilly-Fumé de grande qualité et de haut prix. Le baron Patrick de Ladoucette, sixième du nom, peut se vanter d'être le producteur le plus dynamique de la Loire. Il est revenu d'Argentine au domaine familial du château de Nozet à la mort de son père et a repris la direction de l'affaire en 1972. Depuis cette

époque, le nom de Ladoucette est devenu pour beaucoup synoyme de Pouilly-Fumé. Le domaine compte une soixantaine d'hectares (environ 1/10 de l'appellation). Sa vendange est vinifiée au château avec du raisin (de plus en plus) et du moût acheté à d'autres viticulteurs, ce qui porte la production du domaine Ladoucette à la moitié de celle de tout le Pouilly-Fumé.

Des cuves d'acier inoxydable avec contrôle de la température sont utilisées pour la vinification et l'élevage. Les producteurs mettent en bouteilles en fonction de la demande, habituellement entre Pâques et la fin de l'été, mais chez Ladoucette, où l'on estime qu'un élevage plus long permet d'obtenir un vin plus concentré, on embouteille plutôt entre l'automne et Pâques.

Les meilleures cuvées de bons millésimes comme 1985 et 1986 (mais ni 1984 ni 1987) sont étiquetées Baron de L. Le prix de ces bouteilles est élevé et les puristes doutent qu'il soit justifié pour un vin sec issu du Sauvignon. Pourtant, la clientèle les accepte.

L'empire Ladoucette s'étend au-delà de Pouilly. Ce producteur propose un Sancerre sous l'étiquette Comte Lafond (bien que ne possédant pas de vignoble dans le Sancerrois), s'est implanté en Touraine (Baron Briare) et a racheté récemment l'affaire de Marc Brédif à Vouvray.

L'activité viti-vinicole est florissante à Pouilly. Le vignoble ayant beaucoup souffert de la vague de froid du début de 1985 – de nombreuses vignes furent endommagées et certaines furent détruites –, il n'y a plus assez de vin pour satisfaire une clientèle qui ne s'est pas laissée décourager, jusqu'à maintenant, par l'augmentation annuelle des prix.

POUILLY-SUR-LOIRE

L'avenir est moins prometteur pour le Pouilly-sur-Loire, un vin produit dans la même région avec un autre cépage autrefois largement cultivé en France, le Chasselas, dont l'importance décroît bien qu'il reste le principal raisin de table. Avant l'amélioration des communications avec le Midi, les viticulteurs de Pouilly étaient les premiers fournisseurs de Paris pour le raisin de table.

De nombreux vignerons continuent à produire du Pouilly-sur-Loire à côté de leur Pouilly-Fumé, mais sans grande conviction car, à quelques exception près, ce vin est mou, insipide et n'a pas grand mérite. Il n'a pas beaucoup de bouquet et s'oxyde facilement.

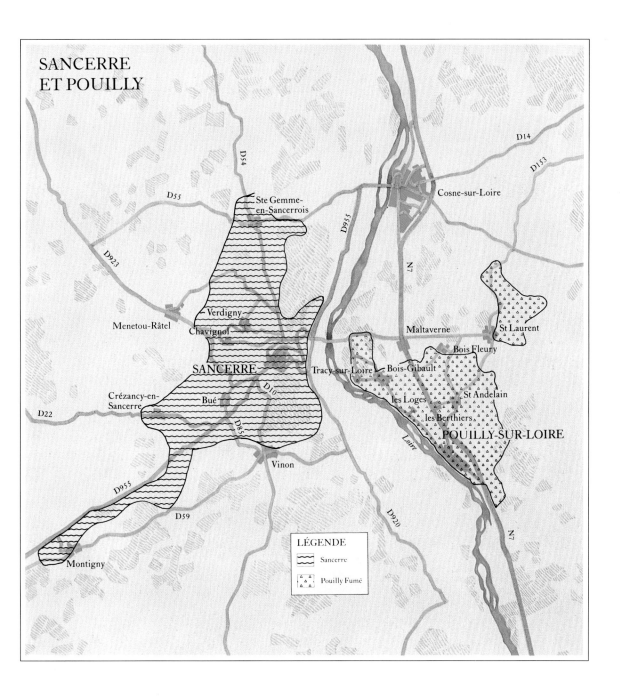

SANCERRE ET POUILLY

SANCERRE

La petite ville de Sancerre, perchée sur sa butte, est visible à des kilomètres à la ronde. Du haut de ses remparts, la vue s'étend loin, au sud-est sur le cours de la Loire et à l'ouest sur les collines du Sancerrois, couvertes de vigne. Le centre, toujours très animé, est charmant. On y trouve quantité de cafés et de boutiques où l'on peut déguster et acheter les spécialités locales : vins et fromage de chèvre. J'apprécie particulièrement, parmi

d'autres, le Restaurant de la Tour pour la qualité de sa table et de sa carte des vins.

Le caractère de la région est bien illustré par un mariage très simple d'un mets et d'un vin : une bonne bouteille de Sancerre et un *crottin,* le fromage de chèvre du coin. Le Sancerre se boit jeune et frais, de préférence au cours de l'été suivant sa vinification, quand le bouquet du Sauvignon – bourgeon de cassis – est le plus délicieux. Ce n'est pas le vin convenant à un dîner gastrono-

Patrick de Ladoucette, le plus gros producteur de Pouilly-Fumé a fixé son « QG » au château de Nozet, édifié au XIXᵉ siècle, qui paraît sortir d'un conte de fées.

mique au cours duquel les convives font assaut de science œnologique.

De même, les crottins n'appartiennent pas à la grande cuisine. Traditionnellement, un chevrier du Sancerrois empoche chaque matin quelques crottins durs comme du bois dont il mâchonnera toute la journée des fragments prélevés avec le couteau spécial que l'on trouve dans toutes les boutiques pour touristes. Ce fromage, qui tire son nom des crottes de chèvre auxquelles il ressemble (par l'apparence et non par le goût!), existe en trois versions : séché et dur, ferme, mou et crémeux. Mangés pour eux-mêmes ou passés au four sur des croûtons et accompagnés d'une salade à l'huile de noix, ils sont délicieux.

L'aire d'appellation Sancerre couvre 15 communes ou parties de commune, plus ou moins connues. Elle s'étend de Menetou-Râtel et Saint-Gemme vers le nord, de Montigny vers l'ouest jusqu'à la route de Bourges et vers le sud jusqu'à Vinon. Les villages les plus connus sont Bué, Chavignol et Verdigny.

Bué, dans une vallée étroite à l'ouest de Sancerre, possède les vignobles les plus étendus de l'appellation. Ici, celui qui ne vit pas directement ou indirectement du vin est certainement producteur de fromage de chèvre. Différentes branches de la famille Crochet y jouissent d'une excellente réputation dans ces deux activités. Parmi les autres vignerons de premier plan de Bué, je signale Jean-Max Roger, un barbu qui exploite aussi un vignoble à Menetou-Salon, et Christian Salmon.

Plusieurs vignobles de coteau de Bué bénéficient d'une exposition exceptionnelle. Le Clos Le Chêne Marchand, dominant le village à l'ouest, est le plus connu. Des vins de grande qualité viennent du Grand Chemarin et du Clos du Roy, qui se trouve à la limite de Crézancy. Paul Millerioux produit un Clos du Roy réputé. On trouvera le nom de ces vignobles sur les étiquettes.

Au nord de Bué, de l'autre côté de la colline, Chavignol est niché dans une vallée, au pied de la Côte des Monts Damnés. Les vins de Chavignol ont leur personnalité propre. Ils sont plus austères et demandent peut-être plus de temps pour s'exprimer que ceux de Bué. Le producteur le plus connu de Chavignol est le Domaine Henri Bourgeois, qui joue aussi un rôle de négociant de plus en plus important. Le village, comme celui de Bué, est un centre de production fromagère. À noter que le crottin de Chavignol, le plus connu

des fromages de chèvre de la région, bénéficie d'une Appellation d'Origine Contrôlée.

Au-delà de Chavignol se trouve Verdigny et des vignerons renommés comme Bernard Reverdy et Jean Vatan, un traditionaliste qui loge encore – c'est un des derniers – son vin en fût. Vient ensuite Sury-en-Vaux, puis l'importance du vignoble décroit dans les communes situées plus au nord.

Les Vacheron sont installés à Sancerre. Ils produisent un honnête Sancerre blanc, mais sont surtout connus pour leur Sancerre rouge. C'était la spécialité de Jean Vacheron, aujourd'hui disparu, reconnu comme le pape du Sancerre rouge. Ce vin est issu du Pinot Noir, le cépage des grands Bourgogne. La culture de ce cépage capricieux, déjà délicate en Bourgogne, est encore plus difficile dans le climat plus septentrional du Sancerrois. Le Sancerre blanc étant le vin le plus réputé de l'appellation, les viticulteurs cultivent généralement le Sauvignon dans leurs vignobles les mieux exposés, laissant ceux faisant face au nord au Pinot Noir qui, dans ces conditions, a encore plus de difficulté à mûrir. Ce n'était pas le cas de Jean Vacheron, qui avait une véritable passion pour son Pinot Noir, lui réservait ses vignobles les plus ensoleillés, le vinifiait et l'élevait avec un maximum de soins – au point de racheter les fûts du célèbre Domaine de la Romanée-Conti. Les bons millésimes, son vin avait une profondeur et une concentration justifiant l'élevage dans le bois. Son Sancerre rouge avait une capacité à s'améliorer en bouteille et atteignait une complexité que la plupart des autres vignerons n'ont jamais obtenues.

À vrai dire, le Sancerre rouge est un petit vin, insuffisamment concentré pour supporter le vieillissement en fût. Il vaut probablement mieux le loger en cuve pour préserver la fraîcheur séduisante dont il est aussi capable. La demande de Sancerre rouge reste pourtant forte et, la production ne pouvant la satisfaire entièrement, son prix dépasse souvent celui du Sancerre blanc, ce que sa qualité ne justifie absolument pas.

Certains estiment que le Pinot Noir cultivé à cette latitude convient mieux à l'élaboration du Sancerre rosé, d'autres que ce vin n'a pas la nervosité du Sancerre blanc et ne rend pas justice au grand cépage bourguignon. On peut n'apprécier ni le caractère ni la couleur de ce rosé, mais sa teinte saumon délicate peut être très séduisante. Le fait qu'il soit au même prix que le Sancerre blanc lui enlève une grande partie de son intérêt.

MENETOU-SALON

Suivez la route Sancerre-Bourges pour trouver la plus prometteuse appellation de la région, Menetou-Salon, qui date de 1953, produit du blanc de Sauvignon, du rouge et du rosé de Pinot Noir et commence à faire parler d'elle après des années d'effacement. La plus importante des dix communes ayant droit à l'appellation est Morogues, dont le maire, Henry Pellé, a beaucoup œuvré pour la réputation du Menetou-Salon.

De ces dix communes, seule Morogues bénéficie des mêmes marnes kimmeridgiennes que le Sancerrois, tandis que le portlandien (calcaire plus dur) domine dans les autres, ce qui nous ramène à la récente querelle entre les vignerons tradition-nalistes et modernistes de Chablis (*voir* Bourgogne Blanc dans la même collection). Il en résulte que le blanc de Morogues est supérieur à celui du reste de l'appellation (il rivalise avec le Sancerre) tandis que le Pinot Noir réussit bien partout. Les vignerons de Morogues peuvent faire figurer le nom de la commune sur l'étiquette.

Des terres convenant à la vigne étant encore disponibles dans l'appellation, on peut espérer que les vignerons ne répéteront pas les erreurs commises dans le Sancerrois comme de cultiver le Pinot Noir sur des pentes ne bénéficiant pas de l'exposition favorable. Jusqu'à maintenant, les Menetou-Salon rouges sont égaux, sinon supérieurs, à la majorité des Sancerre rouges.

Pour l'instant, on ne peut trouver hors de la

Morogues, la plus importante commune de l'appellation Menetou-Salon, bénéficie des mêmes marnes kimmeridgiennes que le Sancerrois.

région que les vins de quelques producteurs. Ils mentionnent souvent sur l'étiquette le nom de Jacques Cœur, argentier de Charles VII, qui posséda l'impressionnant château de Menetou-Salon. Outre Henry Pellé, les meilleurs producteurs sont Pierre Clément au domaine de Châtenoy, Alain Gogué, qui a récemment remplacé son père, et Jacky Rat.

En 1988, les prix des Menetou-Salon étaient du même ordre que ceux des Quincy et Reuilly, encore qu'il y eût des variations entre les producteurs. Henry Pellé vend, à juste titre, son Menetou-Salon Clos des Blanchais au même prix que son Sancerre. On peut s'attendre à ce que la différence de prix entre les vins des deux appellations s'amenuise au fur et à mesure que la produc-

tion augmentera, que les nouvelles vignes vieilliront et que la réputation de l'appellation s'affirmera.

QUINCY

Quincy et Reuilly sont deux appellations isolées, à l'est de Sancerre, entre Bourges et Vierzon. Longtemps plus connu que le Menetou-Salon, le Quincy – deuxième appellation créée en France, en 1936, après celle de Châteauneuf-du-Pape – a récemment décliné. La commune est sur le Cher et a un sol pauvre de sable et de gravier calcaire convenant bien au Sauvignon, seul cépage autorisé dans l'appellation.

Le plus gros producteur de Quincy est le Domaine de Maison Blanche, maintenant distri-

L'imposant château de Menetou-Salon a appartenu autrefois à Jacques Cœur,
argentier du roi Charles VII.

bué par un négociant, Albert Besombes. Parmi les quelques autres producteurs, les plus réputés sont Pierre Mardon et Raymond Pipet (il vient de prendre sa retraite et a été remplacé par Denis Jaumier).

REUILLY

L'appellation Reuilly se trouve encore plus à l'ouest, entre Vierzon et Issoudun, à cheval sur l'Indre et le Cher. Son sol est plus calcaire que celui de Quincy et ses blancs, issus du Sauvignon, n'ont pas la classe d'un bon Sancerre. On y cultive aussi le Pinot Noir et le Pinot Gris d'où l'on tire des rouges et des rosés. Les rouges ont peu d'intérêt, mais les rosés sont plus appréciés.

Les meilleurs vins sont ceux du Pinot Gris, un curieux cépage dont on tire ailleurs des blancs et que l'on appelait Tokay en Alsace, que l'on trouve parfois en Bourgogne sous le nom de Pinot Beurot, qui est prolifique dans certaines régions d'Allemagne où il est nommé Rulander, qui est cultivé à l'autre extrémité de la Loire par Jacques Guindon dans l'appellation VDQS Coteaux d'Ancenis comme Malvoisie. A Reuilly, le Pinot Gris – qui est la forme grise du Pinot Noir – donne un raisin rougeâtre dont on tire un rosé léger connu sous le nom de vin gris.

La production, dans les sept communes de l'appellation – où l'on pratique la polyculture – est limitée et l'on ne rencontre guère de Reuilly que dans les restaurants de la région. Les vignerons les plus connus sont Cordier Père & Fils et Henri Beurdin (qui vient de prendre sa retraite).

COTEAUX DU GIENNOIS

Les autres vignobles du Centre produisent des vins que l'on ne trouve que dans le voisinage. Sur l'étiquette des vins de l'appellation VDQS Coteaux du Giennois (ou Côtes de Gien), le nom de Cosne-sur-Loire peut être ajouté.

VINS DE L'ORLÉANAIS

Les vins d'Orléans connurent leur heure de gloire au Moyen Âge, mais il ne reste plus aujourd'hui, dans cette région de polyculture, sur les deux rives du fleuve royal, que des vignobles totalisant une centaine d'hectares, classés VDQS.

On y cultive des cépages portant des noms locaux : Auvernat Rouge (Pinot Noir), Auvernat Blanc (Chardonnay), Auvernat Gris (Pinot Meunier) et un peu de Noir Dur (Cabernet Franc).

Le producteur le plus connu est Daniel Montigny. La qualité de son Clos de Saint-Fiacre (blanc, rouge et rosé) est indiscutable, mais il s'agit d'une toute petite production.

VIGNOBLES DU CENTRE - MEILLEURS PRODUCTEURS		
Appellation	**Producteur**	**Commune**
Sancerre	Lucien Crochet André Dezat Paul Millerioux Bernard Reverdy Jean-Max Roger Jean Vacheron Jean Vatan	Bué Sury-en-Vaux Crézancy Verdigny Bué Sancerre Verdigny
Pouilly-Fumé	Maurice Bailly Jean-Claude Châtelain Didier Dagueneau Edmond Figeat Patrick de Ladoucette Domaine de Maltaverne Château de Tracy	Les Loges Les Berthiers Les Berthiers Les Loges Château du Nozet Maltaverne Tracy
Menetou-Salon	Pierre Clément Henry Pellé Jacky Rat Jean-Max Roger	Menetou-Salon Morogues Menetou-Salon Bué
Quincy	Pierre Mardon Raymond Pipet Denis Jaumier	Quincy Quincy Quincy
Reuilly	Cordier Père & Fils Henri Beurdin	Reuilly Reuilly

TOURAINE

Pour les œnophiles, la Touraine est le cœur de la Loire vinicole, d'où viennent les plus grands vins rouges et des vins blancs remarquables.

Les meilleurs vignobles blancs sont séparés des meilleurs vignobles rouges par l'agglomération de Tours. Saint Martin, qui partagea son manteau avec un mendiant, résida à l'abbaye de Marmoutier, à quelques kilomètres de Tours.

APPELLATIONS DE TOURAINE

Touraine	Coteaux du Vendômois
Touraine-Azay-le-Rideau	VDQS
Touraine-Amboise	Cheverny VDQS
Touraine-Mesland	Valençay VDQS
Vouvray	Chinon
Montlouis	Bourgueil et
Jasnières	Saint-Nicolas-de-Bourgueil
Coteaux du Loir	

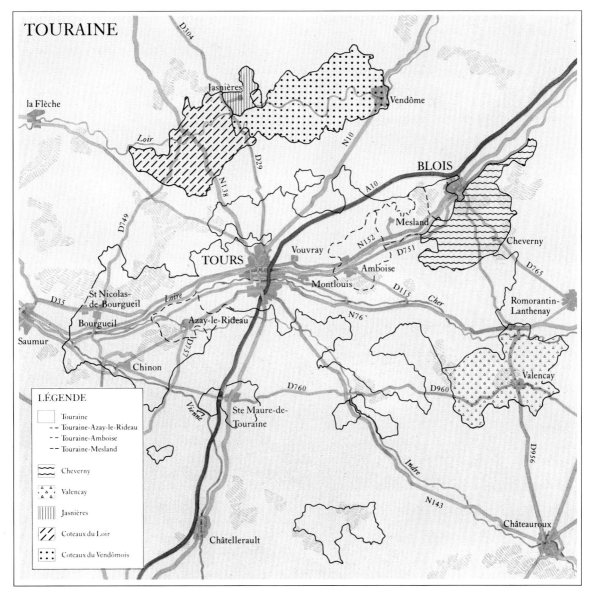

Balzac écrivit plusieurs de ses œuvres au château d'Azay-le-Rideau,
qui date du XVIe siècle. Une petite quantité d'un vin blanc très fin est produite
dans l'appellation Touraine-Azay-le-Rideau.

TOURAINE (APPELLATION RÉGIONALE)

Le large ruban des vignobles de l'appellation Touraine se déroule principalement à l'est de Tours. Cette appellation régionale couvre 4 000 ha environ et s'applique à des vins de tous styles totalisant quelque 150 000 hl. On y produit davantage de vins rouges et rosés que de blancs, mais ces derniers sont souvent meilleurs.

Les vins de cette région sont légers et délicieusement fruités. Il faut généralement les boire peu après leur mise en bouteilles et rares sont ceux qui demandent a être attendus un an ou deux. Les blancs sont issus du Pineau de la Loire (Chenin Blanc) ou du Sauvignon - ils ressemblent au Vouvray et au Sancerre, en moins complexe, sont assez fruités et bouquetés, mais souvent relativement rugueux. L'Arbois (Menu Pineau) et le Chardonnay sont aussi autorisés. Le second sert souvent à adoucir le Chenin Blanc (à concurrence de 20 %). Le Sauvignon de Touraine a souvent un arôme rappelant celui de l'asperge, largement cultivée dans les champs voisins.

Les rouges sont issus du Gamay, du Breton (Cabernet Franc), du Cabernet Sauvignon et du Côt (Malbec), cépages auxquels s'ajoute le Groslot pour le rosé. Le Gamay de Touraine, très populaire, est un agréable vin d'été, sans le caractère capiteux qui peut gâcher le plaisir de boire du Beaujolais. La qualité des Cabernets est théoriquement meilleure, mais l'extraction de suffisamment de couleur et de fruit s'accompagne de celle de tanin qui les rend trop durs dans leur jeunesse sauf pour les amateurs de vins de ce genre.

Bien qu'il y ait abondance de bons propriétaires-récoltants, l'appellation Touraine n'est pas de celles où la mise en bouteilles au domaine est capitale. L'association du sol, du climat et des cépages ne permet pas, quel que soit le talent du vigneron, d'élaborer des vins exceptionnels. Ici, on peut s'adresser aux coopératives et aux bons négociants sans craindre de mauvaise surprise.

La Confrérie des Vignerons de Oisly et Thesée est un excellent exemple de cave coopérative. Ces deux communes ne sont ni voisines ni géologiquement semblables. Le sol plus sableux de la première convient bien au Sauvignon, tandis que le Gamay se plaît dans celui, plus argileux, de la seconde. Cinquante viticulteurs, dont les vignobles couvrent plus de 300 ha, bénéficient de l'efficacité de cette coopérative à la pointe du progrès. La gamme de ses vins, tous bien représentatifs du ou des cépages dont ils sont issus, est exem-

*Charles VIII mourut au Château d'Amboise, en 1498, après avoir heurté
le linteau d'une porte basse en allant assister à une partie de paume.*

plaire. Comme c'est aussi le cas dans le reste de l'appellation, où l'on associe le Sauvignon, le Chenin et le Chardonnay dans les meilleurs blancs, tandis que les rouges sont issus du Gamay, du Cabernet Franc, du Cabernet Sauvignon et du Côt.

Une partie des blancs et quelques rosés servent de base au **Touraine Mousseux** et au **Touraine Pétillant** (Chenin Blanc et Arbois, avec un maximum de 20 % de Chardonnay et 30 % de cépages rouges), mais de nombreux producteurs préfèrent élaborer du **Crémant de Loire** – ses conditions de production sont plus strictes, mais son prix plus élevé.

Les appellations **Touraine-Amboise** et **Touraine-Mesland,** à l'ouest de Tours, **Touraine-Azay-le-Rideau,** au sud-ouest, ont une production beaucoup moins abondante (au total environ 27 000 hl).

La dernière, où l'on fait un peu plus de blanc que de rosé (et très peu de rouge), a décliné, d'autres cultures étant plus rentables. Il n'y a guère plus de 40 ha de vignes, mais le Château de l'Aulée, le plus vaste vignoble de l'appellation – racheté par le champagne Deutz – s'efforce d'en

restaurer le prestige. Gaston Pavy, dont la famille est fixée depuis lontemps à Saché, produit un blanc (Chenin) et un rosé (Groslot et divers cépages rouges) de grand mérite, mais même lui est contraint de pratiquer la polyculture.

D'Azay-le-Rideau, il faut une heure de voiture – sans bouchon, car il faut traverser Tours – pour arriver à Amboise, dominée par le magnifique château qui a été embelli par Louis XI et Charles VII. Le vignoble prolonge ceux de Montlouis et de Vouvray sans en avoir la même qualité. On y fait environ trois fois plus de rouge et rosé (Cabernets, Côt et Gamay) que de blanc (Chenin).

En amont sur l'autre rive, à 15 minutes d'Amboise, on trouve Mesland, dont le vignoble est plus vaste que les deux précédents et donne des vins théoriquement meilleurs.

Le sol de l'appellation Touraine-Mesland étant plus argileux, on y produit beaucoup plus de rouge (10 000 hl) que de blanc (1 300 hl), ainsi qu'un peu de rosé (1 000 hl). Le Domaine Girault-Artois, où l'on associe tradition et modernisme, élabore d'excellents rouges, tandis que le Domaine Brossillon propose un intéressant Gamay rosé – dont un Gamay moelleux les bonnes années. L'encépagement est semblable à celui de l'AOC Touraine.

VOUVRAY

Vouvray est peut-être la plus noble de toutes les appellations de la Loire, mais ses vins sont mal compris et difficiles à vendre à un prix reflétant leur vraie valeur. Les plus beaux vins issus du seul Chenin Blanc sont le Bonnezeaux et le Vouvray, mais le style de celui-ci est différent. Je devrais dire les styles car le Vouvray peut être sec, demi-sec ou moelleux, tranquille, pétillant ou mousseux.

Il y a deux problèmes principaux : trop de Vouvray bon marché produit en grande quantité n'a ni qualité ni caractère ; la pléthore de styles disponibles embrouille le consommateur, notamment quand les étiquettes ne sont pas explicites.

Il est facile de dénigrer les vins les moins chers d'une appellation, mais dans ce cas les critiques les plus sévères sont justifiées. Vendangé à pleine maturité et vinifié avec beaucoup de soin, le Chenin Blanc est capable du meilleur, mais quand on veut tirer les prix – ou que l'on y est contraint – on obtient le pire. Le principal coupable est l'anhydride sulfureux, utilisé trop libéralement pour stabiliser les vins contenant du sucre résiduel. Il détruit le bouquet, irrite les muqueuses et provoque des migraines douloureuses.

Les aléas de la culture et de la vinification de ce cépage sont tels que l'on décrit souvent l'arôme du Chenin comme celui du carton mouillé, alors que son bouquet peut être le plus subtil et le plus enchanteur de tous les vins de la Loire. Tantôt plus floral, tantôt plus miellé, le Chenin évoque toute une gamme de fruits allant de la pomme dans les vins jeunes, à la poire mûre un peu plus tard et au coing à pleine maturité.

On appréciait déjà le Vouvray il y a des siècles, bien avant Rabelais. Son vignoble, qui commence près de Tours, s'étend sur huit communes de la rive droite de la Loire. Les plus connues sont Vouvray et Rochecorbon.

Le sol est plus ou moins argileux ou graveleux, parfois siliceux, mais c'est le soubassement de tuffeau qui donne au Vouvray son caractère particulier. Relativement tendre en sous-sol – on y creusait autrefois des habitations troglodytiques, aujourd'hui des caves –, le tuffeau durcit à l'air et a fourni le matériau pour la construction des châteaux de la Loire.

À la surface poussent les vignes, au-dessous d'elles, les bouteilles se bonifient, leur longévité dépassant souvent la patience des hommes. Malheureusement, il n'y a qu'une poignée de producteurs de qualité exceptionnelle dans cette appellation qui compte 18 000 ha de vignobles, et ils ne vendent pas toujours facilement leur vin.

Ce sont les conditions climatiques qui déterminent principalement le style du vin. On vendange tard dans cette région, à la fin d'octobre et même en novembre quand les viticulteurs prévoient une belle arrière-saison.

Les plus grandes années sont celles où le raisin surmûrit et où se forme la pourriture noble, comme dans le Sauternais. La vendange s'effectue alors par tries successives, seuls les grains surmûris touchés par le *botrytis cinerea* étant récoltés. On en fait le Vouvray moelleux. Cela peut ne se produire qu'une année sur dix : il faut se méfier du producteur qui offre trop fréquemment du moelleux. Le surmûrissement est davantage la clé de ce style de vin que la pourriture noble proprement dite. Ainsi il y en eut très peu en 1985, année superbe où tous les producteurs élaborèrent du moelleux.

On a produit un peu de moelleux en 1983 et 1976, mais le dernier millésime classique avant 1985 fut 1971. Dix-huit ans plus tard, les 1971 n'ont pas encore atteint leur maturité. Leur couleur est légère et ils exigeront encore du temps pour s'ouvrir. En remontant encore dans le temps – de nombreux vignerons peuvent le faire car ils cachent des millésimes anciens dans les recoins de leurs caves de tuffeau – les millésimes exceptionnels sont 1964, 1959 et 1947. Jusqu'à maintenant, seul 1921 a pu rivaliser avec 1947 pour le titre de « millésime du siècle ».

Il ne doit pas exister de nombreux trésors vineux comparables à un Vouvray moelleux 1947. La famille Foreau en possède plusieurs, car elle avait embouteillé séparément ses différentes cuvées. Ses « Perruches » sont un véritable chef-d'œuvre : ce vin a encore une couleur claire, un nez floral plein de toutes sortes de subtilités, une bouche étonnamment complexe, une fin de bouche épicée et persistante.

Les grands moelleux ne sont pas les seuls Vouvray dignes d'intérêt. Les vins les plus caractéristiques de cette appellation fascinante sont peut-être les demis-secs, qu'il n'est pas non plus possible d'élaborer chaque année. L'analyse peut déceler des variations de richesse saccharine, car les années où leur acidité est forte, les vins auront besoin de davantage de sucre résiduel pour les équilibrer. Pourtant, à la dégustation, leur style devrait être homogène.

Ces vins ne sont jamais mous (reproche que l'on adresse souvent aux blancs demi-secs d'autres régions) en raison de l'acidité qui leur donne une fin de bouche ferme. Pour éviter que l'austérité de l'acidité propre au Chenin Blanc ne soit dominante, il est indispensable de vendanger un raisin suffisamment mûr, lequel donnera une impressionnante concentration de fruit qui devrait être évidente dans le bouquet du vin même jeune.

Le Vouvray demi-sec peut être bu dans de nombreuses circonstances. Idéal à l'apéritif, il accompagne merveilleusement toutes sortes de mets, y compris ceux qui ont la réputation de ne pouvoir s'associer au vin – les artichauts par exemple. Un mariage classique est celui du Vouvray demi-sec avec le saumon frais servi froid. Peu d'autres vins possèdent à la fois assez de corps et d'acidité pour supporter des mets gras ou huileux.

Il existe plusieurs catégories de Vouvray sec. Peut-être le vin sera-t-il d'une année médiocre insuffisamment ensoleillée pour permettre une production appréciable de demi-sec – si son acidité était trop marquée, il vaudrait mieux le réserver pour le Vouvray effervescent. Les années moyennes, quand le raisin est peu concentré, le Vouvray sec est un vin très agréable à boire jeune. Les bonnes années, favorables au moelleux, une partie de la vendange sera pourtant réservée à l'élaboration de vin sec, mais celui-ci sera plus souple. Certains viticulteurs l'appellent *« sec tendre »*.

Le vin de certains millésimes, dur mais riche de promesses, exige des années pour déployer ses qualités. C'était le cas du Vouvray sec 1957 que m'a fait goûter Philippe Foreau. Un peu court et plat, ce qui révélait un millésime modeste, il possédait un bouquet exceptionnel : encore jeune, avec des nuances changeant au fur et à mesure de la dégustation. Le millésime 1986 récompensera aussi ceux qui auront la patience de l'attendre quelques décennies.

Une partie de chaque vendange est réservée pour l'élaboration du **Vouvray Mousseux** et du **Vouvray Pétillant** (moins effervescent) qui sont certainement les meilleurs vins tumultueux de la Loire. L'aire de production de ces deux appellations est la même que celle du Vouvray tranquille. Chaque année, les producteurs déterminent la

Trois générations de la famille Foreau.
On ne peut espérer mieux qu'un vieux Vouvray de son domaine.

quantité de vin effervescent en fonction de la qualité du millésime et de l'importance de leurs stocks. En 1986, le rapport vin tranquille/vin effervescent fut de 60/40. L'année suivante, moins bonne, il fut de 50/50. Les coopératives comme celle de la Vallée Coquette et les propriétaires-récoltants sont d'excellentes sources d'approvisionnement.

Un certain nombre de jeunes vignerons sont décidés à rehausser le prestige de l'appellation, dont Frédéric Bourillon-Dorléans à Rochecorbon (les Dorléans sont vignerons depuis six générations), le dynamique Benoît Gautier à Parçay-Meslay et, à l'autre extrémité de l'appellation, dans la vallée de Cousse, Pascal Delaleu.

Les nouveaux hériteront-ils du savoir-faire des anciens? Philippe Foreau a remplacé son père au début des années quatre-vingts; Gaston Huet transmet le flambeau à son gendre, Noël Pinguet. Il faudra attendre vingt ans pour savoir si les successeurs de ces vignerons légendaires ou leurs jeunes concurrents sont capables d'élaborer d'aussi grands vins.

Pour l'instant, les vins de Foreau et de Huet sont la pierre de touche. Les premiers sont riches et pleins, quand le millésime le permet, avec une acidité marquée confirmant leur longévité potentielle. Cette acidité est mieux masquée dans les vins de Huet, le maire de Vouvray. Ils ont une structure solide qui soutient leurs composants, fruit et austérité, élégance et concentration, jusqu'au moment où la maturité exalte toutes leurs nuances. Aussi fermés paraissent-ils dans leur jeunesse, ces vins possèdent incontestablement une très grande classe.

Il sera aussi passionnant d'observer si Patrick de Ladoucette (*voir* Pouilly-Fumé) se montrera le digne successeur de Marc Brédif, autre nom célèbre de Vouvray.

MONTLOUIS

On tient habituellement le Montlouis, sur l'autre rive de la Loire, pour le parent pauvre du Vouvray. C'est injuste car, s'il est moins cher que celui-ci, il lui ressemble étroitement. Comme pour le Pouilly-Fumé et le Sancerre, il faudrait posséder un nez et un palais exceptionnels pour distinguer les vins des deux appellations dans une dégustation à l'aveugle.

Les vins de Montlouis furent étiquetés Vouvray jusqu'à la création, en 1938, d'une appellation séparée. S'ils diffèrent du Vouvray, cela vient d'un sol plus sableux qui donne des vins un peu plus légers, pas toujours aussi acides, n'ayant peut-être pas la même longévité.

L'aire de production de Montlouis s'étend sur trois communes – Montlouis, Saint-Martin-le-Beau et Lussault, moins importante que les deux autres.

Les vignerons les plus connus se trouvent à Saint-Martin. Les frères Berger du Domaine des Liards élaborent un vin plus ample que les autres Montlouis. Ils produisent aussi des vins effervescents pour leur propre compte et celui des autres viticulteurs.

Autre excellent producteur de Saint-Martin, Gilles Verley est, relativement, un nouveau venu dans la région. Ses vins sont francs, merveilleusement construits et très fruités.

Plus connus, Dominique Moyer, de Montlouis, et Guy Delétang, de Saint-Martin – qui produit aussi un excellent Sauvignon de Touraine –, peuvent rivaliser avec le précédent. Une coopérative, établie à Montlouis, est une bonne source d'un vin honnête et bon marché.

Le Montlouis souffre d'être à l'ombre du Vouvray et les amateurs devraient profiter de cette situation. La différence de prix entre les années médiocres et les bonnes n'étant pas ce qu'elle pourrait être, il est judicieux d'encaver des bouteilles des meilleurs millésimes, peut-être de différents producteurs.

JASNIÈRES

Cette petite appellation, qui doit son nom à un hameau situé à quelques minutes de Lhomme, n'est connue que de rares amateurs avisés. Elle se trouve assez loin au nord de Tours, non sur les rives de la Loire, mais sur celle du Loir, un de ses affluents. Ici, un seul cépage, le Chenin Blanc, qui bénéficie d'un sous-sol de tuffeau semblable à celui de l'aire d'appellation Vouvray et dans lequel on a aussi creusé des caves magnifiques.

La Jasnières fut autrefois un vin très réputé – Henri IV en exigeait sur sa table – et il devint AOC en 1937 déjà. Depuis lors, sa production a décliné (500 hl environ), mais l'appellation ne semble plus condamnée. J'apprécie particulièrement les vins de Joël Gigou et de Jean-Baptiste Pinon.

Généralement sec – nous sommes assez loin au nord –, il demande de la patience pour s'assouplir. Quand il est bon, c'est un vin élégant et austère; quand il est mauvais, il est atroce.

COTEAUX DU LOIR

L'aire d'appellation Coteaux du Loir, qui jouxte celle de Jasnières, au sud, est plus vaste, mais sa production n'atteint pas 1 500 hl. Le rouge (Pineau d'Aunis, Cabernet, Gamay et Côt), puis le rosé (les mêmes plus 25 % de Groslot) dominent. Le blanc est issu du Chenin Blanc.

COTEAUX DU VENDÔMOIS

Commençant à l'est de Lhomme et s'étendant sur les deux rives du Loir jusqu'à Vendôme, cette appellation VDQS produit principalement du rosé (environ 2 500 hl), du rouge (moitié moins) et environ 500 hl de blanc. Cépages pour le rouge : Pineau d'Aunis (30 % minimum), Cabernet Franc, Gamay et Côt; pour le rosé : les mêmes plus Groslot (maximum 25 %); pour le blanc : Chenin et Chardonnay (maximum 25 %). Le rouge a peu d'étoffe, le rosé est très léger et le blanc rappelle un petit Vouvray.

CHEVERNY

Plus célèbre pour son château que pour ses vins, Cheverny, autre appellation VDQS, où l'on cultive un cocktail inattendu de cépages, a quelques bouteilles intéressantes à offrir.

Les rouges, légers et gouleyants, sont principalement issus du Gamay, mais il y a aussi du Cabernet Franc, du Cabernet Sauvignon, du Côt et du Pinot Noir, associés ou vinifiés séparément. On produit un peu de rosé issu des mêmes cépages plus le Pineau d'Aunis et le Pinot Gris.

Cheverny est plus connu pour ses vins blancs, secs et parfois exagérément acides. Les cépages suivants sont autorisés : Chenin, Sauvignon, Arbois, Chardonnay et Romorantin, ce dernier étant surtout cultivé dans cette appellation.

Les producteurs les plus connus sont le domaine du Salvard, exploité par la famille Delaille, et le domaine Gendrier, mais ce sont les coopératives qui vinifient la plus grande partie du Cheverny.

VALENÇAY

Comme Cheverny, Valençay – appellation VDQS du sud-est de la Touraine – est plus connu, avec raison, pour son château que pour ses vins. Ici aussi, l'encépagement est inhabituel. Pour le rouge et le rosé, en sus des Cabernets Franc et Sauvignon, Côt, Gamay et Pinot Noir, il peut y avoir jusqu'à 25 % de cépages accessoires dont le Pineau d'Aunis, le Gascon et le Groslot; pour le blanc, 60 % minimum d'Arbois, complété par les Sauvignon, Chenin Blanc, Chardonnay et Romorantin.

Le rouge est rustique (plus de 80 % de la production), le rosé et le blanc sont secs. Ces vins légers ne se trouvent guère hors de la région.

CHINON

Quand on visite la région de Chinon, on ne peut ignorer que sa grande gloire littéraire fut François Rabelais : partout, des rues, des restaurants, des hôtels portent son nom; son visage bulbeux et rubicond orne nombre de bouteilles, avec souvent une citation de son œuvre comme «beuvez toujours, ne mourrez jamais». Ces flacons contiennent un vin léger excellent pour la consommation quotidienne.

La plus connue des trois appellations tourangelles spécialisées dans le Cabernet Franc est celle de Chinon, située sur la rive gauche de la Loire et les deux rives de la Vienne. Produisant quelque 55 000 hl, c'est aussi la plus vaste. Certains vignobles sont proches de Chinon, d'autres sur le plateau autour de Beaumont-en-Véron. Le troisième site bien connu se trouve sur la rive droite de la Vienne, à Cravant-les-Coteaux. Le cépage principal est le Cabernet Franc, complété éventuellement par du Cabernet Sauvignon.

Suivant son origine, le Chinon est tendre, souple et doit être bu jeune ou plus dur et pouvant se bonifier pendant des décennies, comme en témoignent les vénérables bouteilles de la carte du «Plaisir Gourmand», à Chinon.

Les vins légers et frais à consommer sans attendre viennent principalement des sols riches en sable de la vallée de la Vienne – la réglementation de l'appellation interdit toutefois la culture de la vigne sur les alluvions modernes.

Des vins plus robustes, capables de déployer une plus grande complexité en bouteille viennent des pentes argilo-calcaires et graveleuses comme on en trouve à Cravant.

Au-dessus de Chinon et entre les deux cours d'eau, le sous-sol de tuffeau est à l'origine de vins plus colorés, plus durs qui, s'épanouissant lentement, sont des vins de garde. Une partie de ce plateau est couvert par la forêt de Chinon et les terrains convenant à la culture de la vigne y sont très recherchés.

Celui qui prospecte la région pour la première fois devrait commencer par Couly-Dutheil Père et Fils, qui sont à la fois viticulteurs et négociants. En

Chinon est célèbre pour son château, où Jeanne d'Arc eut sa première entrevue avec Charles VII, pour Rabelais et pour son excellent vin rouge issu du Cabernet Franc.

tant que négociants, ils contrôlent une bonne partie de la production du Chinon, qu'ils élèvent dans leur impressionnante cave du XIIe siècle, creusée dans le tuffeau. Le plus beau fleuron de leur couronne est le Clos de l'Écho, un de leurs vignobles situé en face du château de Chinon.

La petite route parallèle à celle longeant la rive droite de la Vienne vers l'est mène à Cravant-les-Coteaux où est produit presque la moitié du Chinon. On y trouve plusieurs des meilleurs vignerons de la région, dont les frères Jean et Bernard Baudry, qui exploitent chacun un domaine. Le second est partisan de l'utilisation modérée du chêne neuf dont il dit qu'il donne au vin une plus grande élégance.

C'est à Sazilly, sur l'autre rive de la Vienne, que l'on trouve Charles Joguet, sculpteur de talent et vigneron hors pair qui connaît le vin comme personne. Conseillé par le grand œnologue Jacques Puisais, il a planté une parcelle de vignes non

greffées sur des plants américains, dans l'espoir de redécouvrir ce que pouvait être le vin pré-phylloxérique. Joguet est un de ces vignerons vraiment sérieux qui vinifie, élève et embouteille séparément le vin de chacun de ses vignobles, afin de préserver ses caractéristiques propres.

On trouve Beaumont-en-Véron et Savigny-en-Véron à l'ouest de Chinon, dans une région sans attrait, mais donnant des vins qui en ont beaucoup, surtout s'ils sont produits par une branche ou l'autre de la famille Raffault. Outre un excellent Chinon rouge, Olga Raffault élabore une rareté, un Chinon blanc, issu du Chenin.

BOURGUEIL

L'appellation Bourgueil, dont on peut soutenir qu'elle produit les meilleurs rouges de la Loire, fait face à celle de Chinon, de l'autre côté du fleuve royal. Sa production annuelle est de l'ordre de 45 000 hl.

La comparaison entre le Chinon et le Bourgueil est très difficile, à moins qu'elle n'ait lieu dans la cave d'un vigneron ayant des vins des deux appellations. Le Chinon paraît un peu plus souple que le second, avec un nez de violettes, mais s'il provient de vieilles vignes et d'un bon millésime, il possède peut-être davantage de profondeur. Les meilleurs Bourgueil, framboisés pour certains, ayant un beau bouquet de cassis pour d'autres, sont à la fois fermes et élégants. L'encépagement est le même que celui du Chinon.

Ici aussi, le caractère du vin dépend de la nature de sol, tantôt sableux et graveleux, tantôt argilo-calcaire sur tuffeau. Le Bourgueil est produit dans huit communes dont Restigné, Ingrandes-de-Touraine et Benais.

Paul Maître et Pierre-Jacques Druet ont choisi de se fixer à Benais. Le second, un de ces vinificateurs passionnés tenus pour des originaux par les autres vignerons, a appris le métier en travaillant dans de nombreuses régions viticoles de France avant de s'installer ici. Ne possédant pas de vignoble, il a réussi à en louer d'excellents – bien exposés et complantés en vieilles vignes – dont il tire quelques-uns des meilleurs rouges de Loire.

Comme celles de son ami Joguet, à Chinon, les caves de Druet sont dispersées. Dans la première, il a installé ses cuves de vinification en inox (fabriquées spécialement pour lui, elles ont le galbe des anciennes cuves en bois); dans la deuxième, creusée dans le tuffeau, il élève son vin en fût; dans la troisième, il stocke ses bouteilles. Élaboré par un tel maître, le Bourgueil devient un vin très «sérieux» – robe profonde, grande ampleur, beaucoup de fruit, fin de bouche épicée.

La nature du sol des différents vignobles détermine le caractère des cuvées. Il y a un vin tendre et souple destiné à être bu rapidement; un autre, plus ferme, plus concentré, a une longévité plus grande; enfin, la cuvée des Grands Monts (vignoble sur tuffeau) est un vin de garde qui ne commence pas à s'ouvrir avant cinq ans et mérite d'être attendu plus longtemps.

Autres bons producteurs de Bourgueil: Moïse Boucard à Benais (domaine de la Chanteleuserie); la famille Lamé-Delille-Boucard à Ingrandes, qui propose plusieurs cuvées et a un stock de vieux millésimes prouvant que même le Bourgueil léger peut vieillir agréablement; Audebert & Fils à Bourgueil même, qui possèdent des vignobles, mais sont plus connus comme négociants spécialisés dans les vins rouges de la Loire.

*Vignoble du domaine du Grand Clos, à Bourgueil. Chinon et Bourgueil se
disputent la gloire de produire les meilleurs vins rouges de la Loire.*

Saint-Nicolas-de-Bourgueil

Cette appellation jouxte celle de Bourgueil et produit environ 25 000 hl. Certains dégustateurs trouvent aux Saint-Nicolas-de-Bourgueil davantage de profondeur et de concentration qu'aux Bourgueil, d'autres assurent que c'est l'inverse. En vérité, rien ne permet de les distinguer : un Saint-Nicolas d'un vignoble sableux ressemblera plus étroitement à un Bourgueil venant d'un sol semblable qu'à un autre Saint-Nicolas issu d'un vignoble de tuffeau. Les règlements des deux appellations sont identiques (avant 1982, le rendement maximum autorisé pour le Saint-Nicolas était inférieur de 5 hl/ha à celui du Bourgueil).

L'appellation compte nombre de bons vignerons, dont plusieurs membres de la famille Jamet. Claude et Thierry Amirault font un excellent vin, plus léger (Clos des Quarterons), mais les meilleurs Saint-Nicolas viennent généralement de chez Joël et Clarisse Taluau.

Pierre-Jacques Druet, de Benais, est un des vinificateurs les plus doués de Touraine.

TOURAINE - MEILLEURS PRODUCTEURS		
Appellation	**Producteur**	**Localité**
Touraine	Girault-Artois	Mesland
	Château de l'Aulée	Azay-le-Rideau
	Philippe Brossillon	Mesland
	Confrérie des Vignerons	Oisly et Thesée
	Gaston Pavy	Azay-le-Rideau
	Domaine du Salvard	Cheverny
Vouvray	Daniel Allias	Vouvray
	Frédéric Bourillon-Dorléans	Rochecorbon
	Marc Brédif	Rochecorbon
	*André et Philippe Foreau	Vouvray
	Benoît Gautier	Parcay-Meslay
	*Gaston Huet	Vouvray
	Daniel Jarry	Vouvray
	Prince Philippe Poniatowski	Vouvray
Montlouis	Berger Frères	Saint-Martin-le-Beau
	Guy Delétang	Saint-Martin-le-Beau
	Dominique Moyer	Montlouis
	Gilles Verley	Saint-Martin-le-Beau
Chinon	Bernard Baudry	Cravant-les-Côteaux
	Jean Baudry	Cravant-les-Côteaux
	Couly-Dutheil Père et Fils	Chinon
	*Charles Joguet	Sazilly
	Pierre Manzagol	Ligré
	Jean-François Olek	Cravant-les-Côteaux
	Olga Raffault	Beaumont-en-Véron
	Domaine du Raifault	Savigny-en-Véron
Bourgueil et Saint-Nicolas-de-Bourgueil	*Pierre-Jacques Druet	Benais
	Lamé-Delille-Boucard	Ingrandes-de-Touraine
	Moïse et Thierry Boucard	Benais
	Paul Maître et R. Viémont	Benais
	Joël et Clarisse Taluau	Saint-Nicolas-de-Bourgueil
* Producteurs exceptionnels.		

ANJOU-SAUMUR

En continuant à descendre le cours du fleuve royal, on parvient en Anjou, la plus vaste région viti-vinicole de la Loire (environ 20 000 ha de vignobles, soit le double de la Touraine). Elle est principalement connue du grand public par le Rosé d'Anjou et le Saumur Mousseux, mais les œnophiles apprécient surtout le Saumur-Champigny, un des grands vins rouges de la Loire, et les glorieux blancs moelleux et liquoreux.

APPELLATIONS ANJOU-SAUMUR	
Anjou	Bonnezeaux
Anjou-Villages	Coteaux de l'Aubance
Anjou-Coteaux de la Loire	Savennières
Anjou Gamay	Saumur
Rosé d'Anjou	Saumur Mousseux
Cabernet d'Anjou	Cabernet de Saumur
Coteaux du Layon	Coteaux de Saumur
Quarts de Chaume	Saumur-Champigny

ANJOU (APPELLATIONS RÉGIONALES)

D'énormes quantités de Rosé d'Anjou bon marché, maintenant passé de mode, étaient bues en France et à l'étranger par des consommateurs sans expérience. Léger, légèrement doux, avec une jolie couleur rose tendre, il a été un agréable apprentissage pour des milliers de gens qui boivent maintenant des vins de la Loire plus intéressants.

Les Cabernets, le Côt, le Pineau d'Aunis et le Groslot sont autorisés dans l'appellation **Rosé d'Anjou,** mais dans la pratique, le dernier domine largement. Ce cépage très productif manque de couleur et de concentration, mais il convient bien à la production de rosé «facile à boire», de nos jours généralement demi-sec.

Les Cabernets donnent de meilleurs rosés dans l'aire d'appellation **Cabernet d'Anjou,** qui exige un rendement plus bas et un titre alcoométrique acquis supérieur. Quand ils sont bien vinifiés, la supériorité des Cabernets, seuls cépages autorisés, est évidente dans ces vins qui sont plus élégants, parfumés, beaucoup plus longs en bouche, et qui sont produits en demi-sec et en sec.

Les Cabernets (assistés ou non d'un peu de Pineau d'Aunis) sont aussi les cépages donnant leur caractère aux rouges de l'appellation **Anjou.** Contrairement aux rouges de Touraine, ils comptent une proportion importante de Cabernet Sauvignon. Les deux Cabernets se marient bien – le Cabernet Franc possède l'élégance et un délicieux arôme framboisé, mais manque de la solide charpente que le Cabernet Sauvignon, trop âpre quand il est seul, lui apporte. Le raisin de ces cépages gonflait autrefois le fleuve de rosé, mais aujourd'hui, le consommateur préfère le rouge.

Il y a pourtant un problème : à cette latitude, la fermentation longue, traditionnelle ici, a tendance à produire des vins âpres et durs contenant trop de tanin. Ils peuvent être d'excellents vins de garde, mais l'appellation ne jouit pas d'une réputation assez bonne pour que les amateurs songent à les encaver.

Une solution est peut-être de recourir aux techniques modernes de vinification afin d'extraire plus rapidement suffisamment de couleur en évitant l'âpreté, sans pour autant perdre le caractère du vin. Un barbotage d'azote en cuve close – une espèce de macération artificielle – a donné de bons résultats jusqu'à maintenant. Ce procédé est davantage à la portée des négociants et des caves coopératives que des vignerons indépendants qui, en tout état de cause, pourraient préférer le résultat obtenu par la vinification traditionnelle.

On fait aussi des vins rouges tirés du seul Gamay (sauf dans la partie saumuroise de l'appellation). Ces vins, qui prennent l'appellation **Anjou Gamay,** sont élaborés soit par la fermentation traditionnelle soit par la méthode beaujolaise de la *macération carbonique* (*voir* page 24), différente de celle utilisée pour les Anjou issus des Cabernets. Ces vins, légers et gouleyants, sont à boire très jeunes.

Traditionnellement, les Anjou blancs étaient issus du seul Pineau de la Loire (Chenin Blanc), mais le Chardonnay et le Sauvignon, à concurrence de 20 % sont autorisés. Le premier leur donne une ampleur supplémentaire, le second ajoute une note épicée à leur bouquet. Mais la dégustation peut être trompeuse, car la fermentation à basse température peut aussi donner un nez de Sauvignon à un vin jeune pourtant issu du seul Chenin Blanc.

Les Anjou blancs secs n'ont pas suffisamment de charme pour que l'on s'y intéresse en dehors de la région – et il faut qu'il fasse vraiment chaud pour que leur acidité soit rafraîchissante plutôt que douloureuse. Les demi-secs, mieux équilibrés, conviennent à la consommation quotidienne. S'ils sont bien vinifiés, ils sont plus longs en bouche et permettent d'apprécier l'élégance du Chenin Blanc avant que leur acidité ne s'impose. Quand les conditions le permettent, les Anjou blancs peuvent aussi être vinifiés en moelleux.

Si les Anjou blancs ne sont pas renommés, il existe un producteur célèbre, à Doué-la-Fontaine, les Vignobles Touchais (qui font le Coteaux du Layon Moulin Touchais). Ses caves superbes contiennent des millions de bouteilles de vieux

millésimes – le plus vénérable est le 1870 –, dont certains ont bénéficié de la pourriture noble (*voir* pages 62-63). Nombre de ces glorieux flacons, vendus à des prix très attrayants, sont étiquetés Anjou, l'appellation Coteaux du Layon n'ayant été créée qu'en 1950.

La production de rouge de qualité croissante se développant en Anjou au détriment de celle de rosé, une nouvelle appellation, **Anjou-Villages,** a été créée en octobre 1987 pour des vins issus exclusivement des deux Cabernets. L'aire de production s'étend d'Ingrandes et Bouchemaine, sur la rive droite de la Loire, à Bouillé-Loretz, dans les Deux-Sèvres.

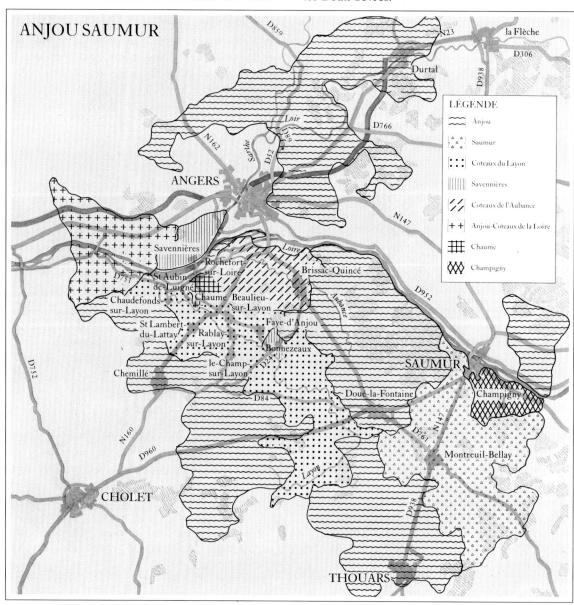

ANJOU-COTEAUX DE LA LOIRE

Dans cette appellation presque confidentielle où seul le Chenin Blanc est autorisé, on produit un peu de blanc dans le style du Coteaux du Layon, mais les viticulteurs sont en train de se reconvertir dans l'Anjou rouge.

SAUMUR

L'aire de production de l'appellation Saumur, qui date du 31 décembre 1957, s'étend sur 38 communes du Maine-et-Loire, de la Vienne et des Deux-Sèvres. Bien que classé en Anjou, le vignoble de Saumur est plutôt le prolongement de celui de la Touraine. On y retrouve le sous-sol de tuffeau dans lequel ont été creusées des habitations troglodytiques et des caves magnifiques.

Pour le rouge, l'encépagement comprend le Cabernet Franc, le Cabernet Sauvignon et le Pineau d'Aunis; pour le blanc, le Pineau de la Loire (Chenin Blanc) pour un minimum de 80 %, le Sauvignon et le Chardonnay. Le rosé (issu des deux Cabernets), un peu plus tendre que le Cabernet d'Anjou, prend l'appellation **Cabernet de Saumur.** Il y a aussi une petite production de blanc demi-sec de l'appellation **Coteaux de Saumur.**

La principale différence entre le Saumurois et le reste de l'Anjou est la très importante production de vin effervescent sous l'appellation **Saumur Mousseux** (la production du **Saumur Pétillant** est minime). Les principaux producteurs sont Langlois-Château (Saint-Hilaire-Saint-Florent), contrôlé par le Champagne Bollinger; Bouvet-Ladubay (Saumur), contrôlé par Taittinger; Ackerman-Laurance (Saint-Hilaire-Saint-Florent); Gratien et Meyer (Saumur), qui renverse la tendance en contrôlant le Champagne Alfred Gratien.

Pour le Saumur Mousseux blanc, les cépages blancs autorisés sont le Chenin Blanc (minimum 80 %), le Sauvignon et le Chardonnay, les cépages rouges le Cabernet Franc, le Cabernet Sauvignon, le Côt, le Gamay, le Groslot, le Pineau d'Aunis et le Pinot Noir, à concurrence de 60 % (sauf pour le rosé, issu des seuls cépages rouges).

L'expression «méthode champenoise» est maintenant interdite, mais ces vins sont toujours élaborés par la méthode de la seconde fermentation en bouteille, comme le Champagne. On entend souvent dire qu'un bon Saumur Mousseux vaut bien un Champagne bon marché: c'est absurde car l'on compare le meilleur d'une région avec le pire d'une autre et des vins issus de cépages différents, qui donnent donc des saveurs et des arômes différents.

SAUMUR-CHAMPIGNY

Le sol calcaire du Saumurois n'aime pas le Gamay, mais convient bien au Cabernet Franc. On fait du rouge dans toute l'appellation Saumur, mais les meilleurs vignobles, à l'est de Saumur, forment celle de Saumur-Champigny.

Le Cabernet Franc donne ici des vins plus légers que le Bourgueil et le Chinon, dans lesquels se marient la violette et la framboise. La cave coopérative des vignerons de Saint-Cyr-en-Bourg vinifie une grande partie de la production. Quelques propriétaires-récoltants sont particulièrement remarquables: les frères Dubois à Saint-Cyr, Edouard Pisani à Parnay, les frères Ratron à Champigny, Paul Filliatreau à Chaintré. Ce dernier, comme René-Noël Legrand à Varrains, est bien connu pour les vins qu'il livre aux restaurants et sont destinés à être bus rapidement – le Saumur-Champigny (on dit volontiers le Champigny), dernier vin de la Loire «découvert» par les Parisiens, est très à la mode actuellement. Il élabore aussi, comme les autres bons vignerons, des vins de garde demandant plusieurs années de bouteille pour déployer toutes leurs qualités.

Le Château du Breuil, où les visiteurs sont bienvenus, produit un excellent Coteaux du Layon.

COTEAUX DU LAYON

Dans des conditions climatiques et géologiques idéales, le Chenin Blanc déploie ses merveilleuses qualités et peut engendrer des liquoreux sublimes dont la longévité est presque infinie. On les trouve sur les pentes ensoleillées du Layon, affluent de la rive gauche de la Loire.

Ici, l'influence de l'Atlantique est manifeste et l'automne magnifique, avec un temps doux se prolongeant jusqu'à la fin d'octobre. Les vignobles sur les pentes escarpées de la rive droite du Layon bénéficient d'une exposition privilégiée et le soleil est encore réfléchi, dans les meilleurs, par le sol schisteux.

Avec le Layon à leur pied et la Loire proche, les vignes sont davantage qu'ailleurs exposées à l'humidité matinale, favorable à la formation sur le raisin surmûri du *Botrytis cinerea*, la pourriture noble, indispensable à l'élaboration des grands vins liquoreux. La pourriture noble concentre à la fois le sucre et l'acidité du raisin et lui communique des arômes particuliers. Elle fut particulièrement abondante les très grandes années comme 1947 et 1959.

Les conditions de production sont beaucoup plus sévères ici que dans l'appellation régionale. Un titre alcoométrique minimum de 9,5° seulement est spécifié pur l'Anjou blanc, tandis que 12° (dont 11° d'alcool acquis) sont exigés pour le Coteaux du Layon, le rendement maximum étant limité à 30 hl/ha au lieu de 50.

Les meilleurs vignobles des Coteaux du Layon sont situés dans des communes privilégiées qui ont le droit d'ajouter leur nom à celui de l'appellation : Beaulieu-sur-Layon, Faye-d'Anjou, Rablay-sur-Layon, Rochefort-sur-Loire, Saint-Aubin-de-Luigné et Saint-Lambert-du-Lattay – pour autant que le vin titre un degré de plus.

J'ai dégusté récemment un Anjou-Rablay 1928 liquoreux (l'appellation Coteaux-du-Layon ne date que de 1950) en tous points admirable. On peut trouver des millésimes plus récents chez les vignerons comme Philippe Leblanc, un partisan passionné des vins de Faye, ou M. Ravoin-Cesbron dont le 1971, arrivé à pleine maturité, ce qui ne serait probablement pas le cas d'un Bonnezeaux du même millésime, a une bouche merveilleusement riche et persistante, pleine de nuances subtiles.

Dans l'appellation **Coteaux-du-Layon-Chaume,** qui intéresse une partie de la commune de Rochefort-sur-Loire, le rendement est limité à 25 hl/ha,

*Rochefort-sur-Loire est une des sept communes pouvant ajouter son nom
à l'appellation Coteaux du Layon.*

*Michel Doucet, du Château de la Guimonière, au milieu des fûts dans lesquels
il élève son Coteaux du Layon-Chaume.*

mais il arrive souvent que des vignerons très consciencieux comme Michel Doucet, du château de la Guimonière, ne l'atteignent même pas. Pour obtenir ce vin d'une qualité exceptionnelle, on ne prélève que le raisin surmûri, bénéficiant de la pourriture noble quand l'année est généreuse. Pour cela, il faut procéder par tries successives, c'est-à-dire que les vendangeurs doivent passer plusieurs fois dans le vignoble où ils sont souvent précédés par les oiseaux.

La dégustation d'un château de la Guimonière démontre que la différence de prix entre un Coteaux du Layon et un Coteaux du Layon-Chaume est entièrement justifiée par une concentration et une longueur en bouche nettement supérieures. Un tel vin peut se bonifier pendant plusieurs décennies.

Quarts de Chaume

Aussi merveilleux le Coteaux du Layon-Chaume soit-il, le vin de cette minuscule appellation – 40 ha, 600 à 800 hl – est encore plus voluptueux. Produit sur une partie de la même commune de Rochefort-sur-Loire, son rendement est limité à 22 hl/ha (le plus bas de la Loire).

Abrité des vents, ce vignoble de coteau bénéficie d'un mésoclimat qui favorise le mûrissement et

l'apparition de la pourriture noble. Il donne des vins somptueux au bouquet explosif, à la bouche puissante et veloutée, avec une note d'amertume en fin de bouche qui en souligne la finesse. Même jeunes, ils annoncent la merveille qu'ils deviendront à pleine maturité. On peut les apprécier quel que soit leur âge, sauf peut-être entre trois et dix ans ce qui, dans leur vie, correspond à l'adolescence, renfermée et maussade.

Parmi les meilleurs producteurs de Quarts de Chaume, il y a Jean Baumard (qui élabore aussi un excellent Coteaux du Layon, le Clos Sainte-Catherine), Jacques Lalanne (Château de Belle Rive) et Simone Laffourcade (Château de l'Écharderie).

Bonnezeaux

L'autre grand cru des Coteaux du Layon est le Bonnezeaux, appellation à peine plus grande que la précédente, qui tient son nom d'un hameau comptant quelques maisons et des moulins en ruine, à une portée de fusil de Thouarcé. C'est, avec le Quarts de Chaume, le plus beau liquoreux d'Anjou et la plus belle expression du Chenin Blanc.

Le Château de Fesles est un domaine exceptionnel. Jean Boivin, maintenant disparu, qui avait fait

*Moulin en ruine dominant un vignoble de Bonnezeaux où le Chenin Blanc
donne un des vins les plus voluptueux de la Loire.*

ses classes dans le Sauternais, au Château d'Yquem, l'a rendu célèbre, notamment avec son légendaire 1947. Ce millésime était tellement prodigieux qu'il vinifia séparément la vendange de ses différentes parcelles : une cuvée donna un vin sec, les autres des vins diversement voluptueux. À la dégustation, tous donnent aujourd'hui un plaisir incomparable, certains ayant une robe ambrée translucide, celle de la cuvée la plus riche étant franchement acajou.

Jacques Boivin, suivant l'exemple de son père, a décidé de faire une cuvée séparée de son meilleur vignoble : le Bonnezeaux La Chapelle 1985 promet d'être un nectar divin.

Ces liquoreux sont tellement magnifiques – et jamais écœurants grâce à l'acidité du Chenin Blanc – qu'il faudrait les boire pour eux-mêmes, mais comment résister à l'idée d'un Bonnezeaux d'un bon millésime accompagné d'un foie gras poché dans le même vin...

COTEAUX DE L'AUBANCE

Cette appellation que l'on rencontre rarement se trouve plus à l'est, sur les rives de l'Aubance (plus un ruisseau qu'une rivière). Le Chenin Blanc donne ici un vin rappelant le Coteaux du Layon, mais moins ample.

Sa production décline en faveur de celle de

Château et vignoble de la Roche aux Moines, un des meilleurs sites de Savennières avec le Clos de la Coulée de Serrant.

rouges et de rosés issus du Cabernet ou du Gamay, qui n'ont droit qu'à l'appellation Anjou.

SAVENNIÈRES

Le sol de cette appellation de la rive droite de la Loire, en face des vignobles du Quarts de Chaume, est argilo-schisteux sur socle de tuf volcanique. Le Savennières, issu du seul Chenin Blanc, est peut-être le plus extraordinaire des vins d'Anjou. Les conditions de production, sévères, se rapprochent de celles des Coteaux-du-Layon-villages et du Quarts de Chaume (rendement limité à 25 hl/ha, titre alcoométrique minimum 12,5° dont 12° d'alcool acquis) et pourtant ce vin est maintenant généralement vinifié en sec (seul le Château d'Épiré élabore encore un demi-sec).

Bien qu'il puisse avoir un nez immédiatement séduisant, le Savennières n'est pas un vin pour débutant. Bien élaboré, sans excès d'anhydride sulfureux, il a un bouquet inoubliable, un mélange de fleurs et de fruits en constante évolution qui promet une grande richesse en bouche et paraît annoncer une douceur miellée qui n'arrive pourtant jamais, le vin étant presque absolument sec, austère et marqué par l'omniprésente acidité du Chenin Blanc. Le fruit est concentré, la persistance impressionnante, mais la bouche ne tient les promesses du bouquet que les bonnes années. Ce vin exigeant n'admet pas la moindre faiblesse.

Comme les grands moelleux et liquoreux, le Savennières est vinifié et élevé en barriques et mis en bouteilles à partir de Pâques. Un des domaines les plus fascinants est le Château d'Épiré car les bouteilles sont stockées dans une vieille église et les barriques nichées dans la crypte. Également à Épiré, Yves Soulez produit plusieurs Savennières sous les étiquettes Château de Chamboureau (notamment l'excellent Clos du Papillon) et Domaine de la Bizolière.

Il partage avec d'autres viticulteurs la Roche-aux-Moines (**appellation Savennières-Roche-aux-Moines**), vignoble qui bénéficie d'une exposition plus favorable, sur des pentes plus raides. Il faut quelques années pour que ce vin, plus ample que le Savennières quand il est bien fait, déploie toutes ses qualités.

La troisième appellation, **Savennières-Coulée-de-Serrant,** est un vignoble de 7 ha d'un seul tenant appartenant à un unique propriétaire, Mme Joly, qui vit dans l'ancien monastère. Ce vin de longue garde, sublime et hors de prix, qui est sec malgré sa grande richesse équilibrée par l'acidité du Chenin, est une rareté. Vous réussirez peut-être à en acquérir deux ou trois bouteilles si vous vous adressez directement à la propriété.

ANJOU – SAUMUR MEILLEURS PRODUCTEURS		
Appellation	**Producteur**	**Domaine ou localité**
Coteaux du Layon	Jean Baumard Michel Doucet Pierre-Yves Tijou Vignobles Touchais	Clos Sainte-Catherine Château de la Guimonière Dom. de la Soucherie Doué-la-Fontaine
Quart de Chaume	Jean Baumard Simone Laffourcade Jacques Lalanne	Rochefort-sur-Loire Château de l'Écharderie Château de Belle Rive
Bonnezeaux	*Jacques Boivin Vincent et Denis Goizil René Renou	Château de Fesles Dom. du Petit Val Dom. de la Croix de Mission
Savennières	Mme Bizard-Litzow Mme Bazin de Jessey Mme Joly Pierre et Yves Soulez	Château d'Épiré Savennières Clos de la Coulée de Serrant Château de Chamboureau
Saumur-Champigny	M. et J.-C. Dubois Paul Filliatreau Edouard Pisani Frères Ratron	Saint-Cyr-en-Bourg Chaintres Parnay Champigny
Saumur Mousseux	Gratien et Meyer Langlois-Château	Saumur Saint-Hilaire-Saint-Florent
* Producteur exceptionnel.		

PAYS NANTAIS

Quand on pénètre dans le Pays Nantais, l'esprit du Val de Loire s'efface devant l'influence de l'Atlantique. Si Nantes est une ville industrielle très laide, la campagne environnante ne manque pas de charme. La vigne y est prolifique, engendrant un océan de Muscadet de qualité variable et des vins moins connus de toutes couleurs. On ne trouve pas ici de bouteilles exceptionnelles mais des vins qui peuvent donner beaucoup de plaisir si on les choisit avec discrimination.

APPELLATIONS DU PAYS NANTAIS	
Muscadet	Muscadet de Sèvre-et-Maine
Muscadet des Coteaux	Coteaux d'Ancenis VDQS
de la Loire	Gros-Plant VDQS

MUSCADET
Le Muscadet est le grand succès viti-vinicole des années d'après-guerre. Il s'est imposé comme le premier vin blanc sec gouleyant, à un prix bien inférieur à celui du Sancerre. Près de 100 millions de bouteilles de Muscadet de toutes catégories ont été produites en 1986, dont 55 % consommées en France, le reste étant exporté principalement vers la Grande-Bretagne (environ 25 %) et les Pays-Bas. Pourtant, des pratiques douteuses et la production d'une énorme quantité de vin médiocre et bon marché ont récemment entaché la réputation du Muscadet. Heureusement, nombre de producteurs élaborent des vins de qualité.

Le Muscadet est issu du seul Melon, vieux cépage bourguignon transplanté au XVIIe siècle dans la Loire Atlantique où il a été multiplié sous le nom de Muscadet après le terrible hiver 1709-1710. Il occupe aujourd'hui près de 10 000 ha dans les appellations Muscadet, Muscadet des Coteaux de la Loire et Muscadet de Sèvre-et-Maine dont les limites sont, à l'ouest, Saint-Père-en-Retz et Pornic (sur la côte); à l'ouest Montrevault et Montfaucon; au nord, la Loire et l'Erdre; au sud Legé et Montaigu. L'aire d'appellation est très vaste, mais seules quelques communes ont plus de quelques hectares de vignobles. Les plus prolifiques sont Tillières, près de Montfaucon, Saint-Philibert-de-Grand-Lieu et La Chapelle-Basse-Mer.

On fait de bon Muscadet, surtout pour la consommation locale, mais celui qui est produit en grande quantité et distribué partout est trop souvent mou, saturé d'anhydride sulfureux, et ne vaut pas son prix, assurément modique. S'il ne bénéficiait pas d'une appellation contrôlée, il aurait certainement de la difficulté à s'imposer sur le marché. L'appellation Muscadet tout court compte pour 10 % de la production totale.

MUSCADET DES COTEAUX DE LA LOIRE
On ne rencontre pas souvent des vins de cette appellation située à l'est de Nantes, sur les deux rives de la Loire. Elle est assez vaste puisqu'elle est large et s'étend bien au-delà d'Ancenis, mais la plupart des vignobles sont concentrés sur les coteaux bordant la Loire et ce vin ne compte que pour 5 % de tout le Muscadet.

Le Muscadet des Coteaux de la Loire tend à être plus sec et plus ample que celui de Sèvre-et-Maine et il peut se garder en cave un peu plus longtemps. La plus grande partie du vignoble est argilo-schisteux, mais on trouve aussi des terrains plus siliceux, notamment à Saint-Herblon, qui donnent un vin plus austère.

Le plus connu des viticulteurs de la région est Jacques Guindon, à Saint-Géréon, tout près d'Ancenis, à l'ouest. Son grand-père avait traversé le fleuve à la fin du siècle dernier pour venir s'installer ici.

MUSCADET DE SÈVRE-ET-MAINE
Pour la plus grande partie des consommateurs, cette appellation est synonyme de Muscadet (il est vrai qu'il existait déjà, dix ans avant sa création, en 1936, un Muscadet Grand Cru de Sèvre-et-Maine). 80 % de tout le Muscadet vient des 23 communes ou parties de communes qui la composent et c'est dans cette appellation que l'on trouve le meilleur, mais la région a aussi sa part de vins atroces.

Les vins issus du Muscadet n'ont ni saveur ni arôme marqués. Secs, mais peu acides, sans un fruité pouvant réveiller la mémoire, ils sont difficiles à identifier dans une dégustation à l'aveugle. Ils sont toujours légers car un titre alcoométrique maximum (12°) est imposé – ce qui est rare –, le

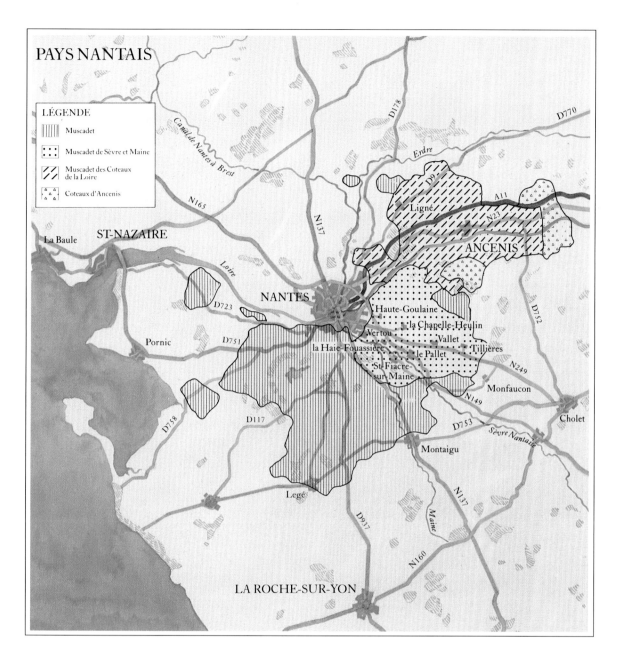

titre minimum étant de 9,5° pour le Muscadet tout court et de 10° pour les autres.

Comme pour le Muscadet tout court, il existe du Muscadet de Sèvre-et-Maine ignoble, produit en grande quantité, dominé par l'anhydride sulfureux, dont l'ingestion peut provoquer des maux de tête épouvantables. On trouve aussi sous cette étiquette des vins qui ne souffrent pas de défauts majeurs, mais qui sont dénués de caractère. Un nom connu et un prix relativement bas leur assure un marché, mais il existe des vins meilleurs, même s'ils ne sont classé qu'en *vins de pays*.

Heureusement, il ne manque pas de Muscadet franc, séduisant et bien élaboré. Frais et gouleyant, c'est un des meilleurs vins pour la soif, que l'on peut boire à n'importe quelle heure, pour lui-même ou pour accompagner les fruits de mer et les poissons.

La plupart des meilleurs Muscadet sont *mis en bouteille sur lie*, c'est-à-dire que le vin reste en contact avec la lie – bactéries et levures mortes –, ce qui enrichit son arôme et le protège de l'oxydation. Étant embouteillé sans soutirage préalable, il reste saturé en gaz carbonique, ce qui le rend per-

69

Dissimulé par les frondaisons, le village de Laroux-Bottereau est un important centre de production de Muscadet.

lant, accentue sa fraîcheur et permet de le conserver avec peu de cet anhydride sulfureux qui rend souvent les autres Muscadet détestables. On trouve dans le commerce de détail d'excellents Muscadet sur lie de propriétaires-récoltants, de coopératives et de négociants. C'est incontestablement le bon choix bien qu'ils soient un peu plus chers que les autres.

La tentation est forte d'étiqueter « sur lies » un Muscadet ordinaire et certains soupçonnent que c'est parfois le cas. Afin de minimiser les risques de fraude, la réglementation spécifie que le vin doit se trouver encore sur ses lies au moment de l'embouteillage, au plus tard le 30 juin de l'année suivante. Si le vin est mis en bouteilles par un négociant, il doit avoir été transporté dans ses locaux avant la fin du mois de mars et ceux-ci doivent se trouver dans l'aire d'appellation. Ainsi, un négociant installé ailleurs dans la Loire ne peut embouteiller de Muscadet sur lies dans ses installations.

Le Muscadet est un vin à boire jeune, mais les meilleurs vins des meilleurs millésimes peuvent se conserver plus d'une décennie. Leur vivacité juvénile est remplacée par la souplesse et une certaine ampleur, surtout s'ils ont été élevés en fût. Les plus connus des quelques vins ayant fait du bois sont le château du Cléray, le Château de la Noë, le Clos des Hautes-Bretonnières de Joseph Hallereau et ceux de la famille Chéreau-Carré.

L'aire de production du Muscadet de Sèvre-et-Maine s'étend sur 23 communes ou parties de communes qui sont loin d'être toutes entre la Sèvre et la Maine. Les viticulteurs affirment que l'emplacement du vignoble détermine en grande partie le caractère du vin alors que ceux qui ne possèdent pas de vigne tiennent ce facteur pour négligeable.

Quand vous parcourerez la région, elle vous paraîtra probablement uniforme, mais ses habitants vous feront remarquer des différences de style d'un village à l'autre. Malgré la proximité de l'agglomération industrielle de Nantes, c'est une région typiquement rurale, parsemée de hameaux et de villages (on y compte quelques petites villes). Les routes en lacet et les petits cours d'eau qui se jettent dans la Loire, la Sèvre ou la Maine forment un lacis ponctué de nombreux clochers.

Certains des meilleurs Muscadet viennent de Saint-Fiacre – tout près du confluent de la Sèvre et de la Maine – et de La Haie-Fouassière, sur l'autre rive de la Sèvre. Alors que la région est généralement assez plate, ces deux communes se trouvent dans une zone plus accidentée et leurs vignobles, plantés sur les pentes, sont mieux tenus qu'ailleurs. Du domaine de Gras Mouton, qui appartient à un excellent viticulteur, Jean Dabin, la vue est impressionnante dans toutes les directions : on ne voit que des vignes et, dans le lointain, quelques clochers.

Un bon Muscadet de Saint-Fiacre est, à mon avis, le meilleur vin de la région : élégant, subtilement parfumé, avec une bouche tendre et une pointe de pierre à fusil due à la composition du sol. Les membres de la famille Chéreau-Carré ont la chance de posséder six domaines dont le Moulin de la Gravelle, le Château de Chasseloir et le Château du Coing de Saint-Fiacre, au confluent même des deux rivières. Les Chéreau-Carré, qui sont aussi négociants, élèvent tous les vins de leurs domaine en fût. Leur dernière idée fut de loger un vin du Château de Chasseloir entièrement dans des fûts neufs. Ce vin n'a pas le caractère d'un Muscadet typique mais, contre toute attente, il a bien supporté le desséchement dû au chêne neuf.

La petite ville de Vallet, à une dizaine de kilomètres à l'est, loin de l'influence des deux rivières, rivalise avec Saint-Fiacre. Ici le sol est plus froid et plus lourd. L'argile prédomine et le style des vins est différent. Leur structure est plus ferme et ils sont plus lents à s'ouvrir. Dans une région où l'on embouteille souvent en janvier ou février déjà, les vins de Vallet ne sont généralement pas prêts avant Pâques.

Autres villages renommés : Mouzillon, 3 km au sud de Vallet ; la Chapelle-Heulin, 6 km à l'ouest ; le Pallet, tout près de la Sèvre. Les vignobles s'étendent au nord-ouest jusqu'à Haute-Goulaine où le onzième marquis de Goulaine possède une assez grande exploitation. Sa famille est fixée ici depuis plus de mille ans, d'où le nom de son meilleur vin, Cuvée du Millénaire.

Dans le Pays Nantais, l'activité vinicole est dominée par les négociants et les propriétaires-récoltants, le rôle des coopératives étant secondaire. Plusieurs des plus importants producteurs espèrent obtenir la création d'une nouvelle appellation pour les vins des meilleures communes, par exemple Muscadet-Villages. Trois autres producteurs connus ont choisi une autre voie pour effectuer la promotion des meilleurs vins de la région. Louis Métaireau anime une petite association de producteurs qui soumettent chaque cuvée à une

*Les progrès de la technique entraînent le renouvellement du matériel de cave,
ici ce vieux pressoir ne sert plus que de décor.*

*Le Gros Plant du Pays Nantais, ultra-sec,
accompagne admirablement les huîtres.*

dégustation sévère avant de choisir les vins portant le nom de Métaireau : le Domaine du Grand
Mouton ; la Coupe Louis Métaireau - à l'intention
des restaurants – ; la Cuvée 1, encore supérieure et
vendue encore plus cher que les deux autres. Le
prix relativement élevé de ces vins est justifié par
leur qualité exceptionnelle. Le gendre de Métaireau, Jean-François Guilbaud, travaille dans le
même esprit en choisissant des cuvées de qualité
supérieure et en les mettant en bouteilles pour le
compte de leurs propriétaires.

Une autre «super-cuvée», due à la maison
Donatien-Bahuaud, est choisie de manière originale : un comité international de dégustation se
réunit chaque année pendant un week-end pour
sélectionner des cuvées qui, assemblées, prennent
le nom de «Le Master de Donatien».

La maison Sauvion & Fils procède différemment : elle propose une sélection de 10 à 15 vins
de grande qualité choisis chez des vignerons indépendants, mais mis en bouteilles par le négociant
sous le nom de «Les Découvertes de Sauvion». La
sélection est effectuée chaque année, si bien que le
vin d'un vigneron pourra en faire partie régulièrement, tandis que celui d'un autre y figurera
seulement quand il aura eu la main particulièrement heureuse. Les producteurs sélectionnés
obtiennent pour leur vin un prix plus élevé que

celui qu'ils obtiendraient s'ils étaient liés par
contrat au négociant.

Une quantité de propriétaires-récoltants élaborent aussi des vins de très grande qualité. Certains ont des noms voisins, ce qui peut entraîner
des confusions. Ainsi, il n'y a aucune relation
entre le Château de l'Oiselinière, à Gorges près de
Clisson et le Château de l'Oiselinière de la Ramée,
à Saint-Fiacre.

GROS PLANT DU PAYS NANTAIS

Le plus grand mérite du Gros Plant du Pays Nantais est d'accompagner admirablement les fruits
de mer. Très vert, moins aromatique et moins
souple que le Muscadet, il doit être bu aussi frais
que les huîtres avec lesquelles il forme un couple
idéal.

Les Hollandais, grands importateurs de vin de
chaudière pour la distillation, ont encouragé la
culture de la Folle Blanche dans la Loire Atlantique. Ce cépage (qui donne ailleurs les Cognac les
plus fins) a pris ici le nom de Gros Plant. Autrefois
le plus répandu dans la région, il ne compte plus
que pour le quart du vignoble.

Le Gros Plant, un VDQS qui se boit toujours
jeune, se vend en vrac pour environ la moitié du
prix du Muscadet. Il est parfois mis en bouteilles
sur lie, ce qui, à mon avis, est superflu.

COTEAUX D'ANCENIS

On cultive le Gamay, le Cabernet Franc, le Muscadet, Le Chenin Blanc et le Pinot Gris sur les
deux rives de la Loire, de part et d'autre d'Ancenis. Le vin issu du Muscadet prend l'appellation
Coteaux de la Loire, les autres celle de coteaux
d'Ancenis, un VDQS. Le nom du cépage doit figurer sur l'étiquette.

Le rouge et le rosé issus du Gamay sont largement majoritaires. Légers, agréablement fruités,
ils sont essentiellement destinés à la consommation locale, comme ceux de Cabernet, dont les
meilleurs exigent quelques années de bouteille.

Le Chenin Blanc (Pineau de la Loire) donne un
vin austère, mais le Coteaux d'Ancenis le plus
intéressant est tiré du Pinot Gris (ou Pinot Beurot,
appelé ici Malvoisie). Jacques Guindon possède 2
des 3 1/2 ha complantés en Malvoisie. Il en tire un
vin demi-sec, miellé et épicé, excellent jeune, mais
capable de se bonifier avec l'âge. J'ai dégusté un
Malvoisie 1953 trente-cinq ans plus tard : il était, il
est vrai, légèrement madérisé (oxydé), mais avait
une bouche riche et un bouquet délicieux.

Joseph Hallereau devant les fûts dans lesquels il élève son vin. On ne voit plus que rarement des fûts dans le Pays Nantais, mais un ou deux viticulteurs font des essais avec du bois neuf.

PAYS NANTAIS - MEILLEURS VITICULTEURS		
Producteurs	**Domaines**	**Localité**
Laurent Bossis	Château de la Cantrie	Saint-Fiacre
Famille Chéreau-Carré	Château de Chasseloir	Saint-Fiacre
	Domaine du Bois Bruley	Saint-Fiacre
	Grand Fief du Cormeraie	Saint-Fiacre
Jean Dabin	Domaine de Gras Mouton	Saint-Fiacre
Jean Guindon	Domaine Guindon	Ancenis
Joseph Hallereau	Clos des Hautes Bretonnières	Vallet
Comte Malestroit	Château de la Noë	Vallet
Louis Métaireau	Domaine du Grand Mouton	Saint-Fiacre
Sauvion & Fils	Château du Cléray	Vallet
	Les Découvertes de Sauvion	

VINS DE PAYS ET
VIGNOBLES SATELLITES

D'un bout à l'autre de la Loire, on peut boire de délicieuses carafes de Vins de Pays et certains d'entre eux sont maintenant disponibles partout en France dans le commerce de détail. Il ne faut pas négliger non plus les vins des vignobles satellites qui forment des poches viticoles du Massif Central à la Vendée.

VINS DE PAYS

Avant la catastrophe phylloxérique, il y avait des vignobles partout en France, mais ils n'ont été reconstitués qu'aux emplacements les plus favorables à la viticulture. Pourtant, plus de la moitié du vignoble français est consacré aux vins de consommation courante, les «vins de table» et, parmi eux, les «vins de pays» dont les conditions de production – aire géographique, cépages, richesse alcoolique – sont rigoureusement réglementées.

Le Vin de Pays du Jardin de la France peut être produit dans dix départements de la Loire. Les vins de ces dix départements et ceux de la Sarthe et de la Nièvre, peuvent aussi porter le nom du département, mais cette étiquette est rarement utilisée sinon dans le Loir-et-Cher, l'Indre-et-Loire et le Maine-et-Loire.

On voit rarement les trois vins de pays de zone mentionnés dans le tableau. Il y en avait un quatrième, Fiefs Vendéens, devenu VDQS en 1984.

Environ 60 % des vins de pays de la Loire sont étiquetés Jardin de la France (et cette proportion va croître). Ils sont généralement issus d'un seul cépage, précisé sur l'étiquette. Les blancs (30 %) viennent surtout du Chenin Blanc ou du Sauvignon, accessoirement des Arbois, Chardonnay, Pinot Blanc et Pinot Gris; les rosés (20 %) principalement du Groslot et du Pineau d'Aunis; les rouges du Gamay, du Cabernet Franc et du Cabernet Sauvignon.

CÔTES DU FOREZ

Peu après Saint-Étienne, la Loire traverse la plaine du Forez – nom dérivé, semble-t-il, non de forêt, mais de la ville romaine du *Forum Segusianorum*. Le seul cépage des Côtes du Forez est le Gamay qui donne ici une version plus légère du Beaujolais ainsi qu'un rosé. Très agréables consommés sur place, on les boira peut-être avec un des excellents fromages du Massif Central comme la Fourme d'Ambert.

CÔTE ROANNAISE

Après les Côtes du Forez, la Loire traverse Roanne, ville devenue gastronomiquement célèbre grâce aux frères Troisgros. Les vins de la Côte Roannaise, issus comme les précédents du seul Gamay, leur ressemblent beaucoup. Leur principal mérite est d'être d'excellents vins de carafe.

CÔTES D'AUVERGNE

Le vignoble périphérique des Côtes d'Auvergne n'est pas sur la Loire, mais sur l'Allier. L'aire de production s'étend sur 66 communes des arrondissements de Clermont-Ferrand, Riom et Issoire. Les meilleures communes peuvent faire figurer leur nom sur l'étiquette, après celui de l'appellation Côtes d'Auvergne. Ce sont Boudes, Chanturge, Châteaugay, Corent et Madargues.

Les cépages sont, pour le rouge et le rosé, le Gamay et un peu de Pinot Noir; pour le blanc (production confidentielle), le Chardonnay. Bus surtout sur place, ces vins accompagnent bien la charcuterie d'Auvergne.

VINS DE PAYS
Vin de Pays du Jardin de la France
Vin de Pays des Coteaux du Cher et de l'Aron
Vin de Pays des Marches de Bretagne
Vin de Pays de Retz
Vin de Pays de la Nièvre
Vin de Pays du Cher
Vin de Pays de l'Indre
Vin de Pays du Loiret
Vin de Pays de la Sarthe
Vin de Pays du Loir-et-Cher
Vin de Pays de l'Indre-et-Loire
Vin de Pays du Maine-et-Loire
Vin de Pays de la Loire-Atlantique
Vin de Pays de la Vendée
Vin de Pays de la Vienne
Vin de Pays des Deux-Sèvres

SAINT-POURÇAIN

La Sioule, sur laquelle se trouve la petite ville commerçante de Saint-Pourçain, est un affluent de l'Allier. L'aire de production de l'appellation Saint-Pourçain (Saint-Pourçain-sur-Sioule il y a encore quelques années) s'étend sur les deux rives de la Sioule et la rive gauche de l'Allier. Le vignoble compte environ 450 ha.

Contrairement à la plupart des vins mentionnés dans ce chapitre, le Saint-Pourçain est, avec les Vins du Haut Poitou, bien distribué hors de la région et même exporté, conséquence des efforts des vignerons de la région pour rendre à leurs vins l'excellente réputation dont ils jouissaient autrefois.

Bien que les Saint-Pourçains soient classés avec les vins de la Loire, leur encépagement est plutôt bourguignon : pour le rouge et le rosé, le Gamay et le Pinot Noir; pour le blanc, le Tressaillier – c'est le Sacy de l'Yonne – à concurrence de 50%, le Saint-Pierre Doré (maximum 10 %), l'Aligoté, le Sauvignon et le Chardonnay.

BONS VIGNERONS DE SAINT-POURÇAIN	
Petillat Père & Fils	Meillard
Guy et Serge Nebout	Saint-Pourçain
Jean et François Ray	Venteuil (Saulcet)
Union des Vignerons	Saint-Pourçain

CHÂTEAUMEILLANT

Plus à l'ouest, les vignobles de l'appellation Châteaumeillant s'étendent sur une centaine d'hectares, sur 4 communes du Cher et 3 communes de l'Indre. Les cépages sont les Gamay et un peu de Pinot Noir et de Pinot Gris. On n'y élabore que des vins rouges, rosés et gris.

L'appellation est surtout connue pour son vin gris, fruité et délicat, obtenu par pressurage rapide du Gamay non macéré.

VINS DU HAUT-POITOU

Le vignoble des Vins du Haut-Poitou, qui s'étend au nord et au nord-ouest de Poitiers, est principalement situé dans le département de la Vienne (il déborde un peu sur celui des Deux-Sèvres). L'appellation date de 1970, mais ses vins sont restés confidentiels jusqu'aux années 1980. Depuis, grâce à la coopérative de Neuville-de-Poitou, équipée de matériel moderne, qui allie une production de qualité et une politique commerciale très dynamique, ils ont été récompensés par de nombreuses médailles d'or et se sont fait connaître en France et à l'étranger où un bon rapport qualité/prix leur a ouvert un marché important.

Les cépages pour le blanc sont les Sauvignon, Chardonnay, Pinot Blanc et Chenin Blanc (à concurrence de 20 %); pour le rouge et le rosé, Gamay, Pinot Noir, Cabernet Franc, Cabernet Sauvignon, Merlot, Côt, Groslot (maximum 20 %) et Gamay-Chaudenay – un teinturier – (maximum 20 %). La coopérative distribue quatre vins principaux : un Sauvignon et un Chardonnay (blancs), un Gamay (rouge) et un Cabernet (rosé), bien meilleur que sa couleur cerise éclatante ne le laisse prévoir.

VINS DU THOUARSAIS

Cette petite appellation, qui produit moins de 1 000 hl, est située au sud de l'Anjou, dans le département des Deux-Sèvres, autour de la ville de Thouars. Les blancs sont issus du Chenin Blanc et, à concurrence de 20 %, du Chardonnay; les rouges et les rosés du Gamay et des deux Cabernets. Simples et légers, ils ont une étroite parenté avec les vins d'Anjou.

FIEFS VENDÉENS

Le Vin de Pays des Fiefs Vendéens a accédé en 1984 à l'appellation VDQS. L'aire de production, qui couvre près de 500 ha, s'étend à 19 communes du département de la Vendée. Elle comprend quatre parties distinctes dont le nom doit figurer sur l'étiquette : Mareuil, Brem, Vix et Pissotte.

Les rouges et les rosés doivent compter au moins 50 % de Gamay ou de Pinot Noir (ou des deux), les cépages complémentaires étant le Cabernet Sauvignon, le Cabernet Franc et le Négrette (que l'on nomme aussi Ragoûtant et Bourgogne). L'encépagement pour les blancs, moins abondants, doit comprendre au moins 50 % du Chenin Blanc, les autres cépages étant le Sauvignon et le Chardonnay. Il y a aussi un peu de Colombard. La liste ne s'arrête pas là car le Melon de Bourgogne (Muscadet) est autorisé à concurrence de 20 % à Vix et Pissotte, tandis que le Groslot peut participer aux blancs et rosés de Brem.

APPELLATIONS VDQS DES VIGNOBLES PÉRIPHÉRIQUES	
Côtes du Forez	Châteaumeillant
Côte Roannaise	Vins du Haut-Poitou
Côtes d'Auvergne	Vins du Thouarsais
Saint-Pourçain	Fiefs Vendéens

INDEX

Les éditeurs remercient les personnes et organismes suivants qui les ont aimablement autorisés à reproduire les photos illustrant cet ouvrage : Anthony Blake, Photographic Library 70-71, Michael Busselle 17, 36-37, 45, 50, 61, 65, 72-73; Patrick Eager 1, 2-3, 8-9, 25, 27, 42, 56-57, 62-63; Robert Harding Picture Library/Alan Carr 55; Image Bank 74; Images Colour Library 15, 38, 48-49; Mary Stow 1988 21, 26, 40, 44, 52, 58, 64, 66, 75.

Cartes : Andrew Farmer
Cépages : Nicki Kemball